À revers
et contre tout

Richard Gasquet

À revers et contre tout

Avec la collaboration
de Franck Ramella

Stock

Ouvrage dirigé par Benoît Heimermann

Photographie de couverture : Astrid di Crollalanza
Graphisme : Raphaëlle Faguer

ISBN : 978-2-234-09250-1

« Richard peut être fier de sa longue et incroyable carrière. »

Par Rafael Nadal

J'aime beaucoup Richard. C'est une belle personne, avec du cœur, que j'ai pris énormément de plaisir à côtoyer pendant vingt-trois ans. Tout le monde sait que son revers à une main est parmi les meilleurs que le circuit ait vu naître ces dernières années. Avec ce coup, il peut tout faire : produire tous les effets et trouver tous les angles. C'est redoutable. Quand un adversaire joue sur son revers, il se sait immédiatement dans une situation difficile car rater un revers n'est pas dans les habitudes de Richard.

Mais, à bien y penser, ce qui m'a toujours le plus épaté, c'est son style à l'ancienne.

J'aime son jeu parce qu'il sait vraiment jouer au tennis. Et croyez-moi : cela n'a rien à voir avec le simple fait de taper dans une balle en essayant de remporter le point. Dans le tennis moderne, tous les joueurs essaient de multiplier les coups gagnants, quelle que soit leur position. Richard, lui, cultive un style de tennis « classique ». Il peut monter au filet, slicer, lifter, rentrer dans le court, ou bien, à l'inverse, patienter pour distribuer le coup juste. En bref, Richard sait construire un point, et ce sur n'importe quelle surface. À mes yeux, c'est justement cela qui fait la beauté de son tennis : le fait qu'il comprenne à merveille ce jeu et toute la palette de coups qui le composent... C'est un joueur vraiment complet !

Entre Richard et moi, il faut dire que c'est une histoire très ancienne ! Nous avions douze ans lors de notre première rencontre, à Tarbes, en quart de finale des Petits As. Je sortais encore très peu de l'Espagne. J'avais entendu beaucoup de choses sur lui, quand j'étais enfant. Tout le monde en parlait comme d'un joueur incroyable, *le* joueur junior du moment, bien au-dessus du lot. Disputer un match face à lui était un événement exceptionnel pour les autres jeunes joueurs. Cette rencontre avec lui à Tarbes, devant un public acquis à sa cause, était donc un gros challenge, sans doute le premier de ma carrière. Je me souviens d'un match en trois sets durant lequel j'avais bien joué. J'avais fini par perdre 6-4 au dernier set, mais pour moi, c'était un test positif : j'avais été compétitif face au meilleur de notre génération. Puis, progressivement, Richard est devenu mon rival. Tout le monde nous comparait pour savoir qui allait devenir le meilleur.

Au deuxième tour du tournoi Challenger de Saint-Jean-de-Luz en 2003, lors de notre deuxième confrontation, j'avais dû abandonner après la perte du premier set à cause d'une déchirure musculaire à la jambe – j'en avais été vraiment contrarié. Je me préoccupais beaucoup de ce que les gens disaient à mon propos, et je ne voulais pas qu'ils pensent que je craignais de perdre contre Richard au point de ne pas finir le match. Pour cette seule raison, il était hors de question que je ne dispute pas notre rencontre suivante lors du deuxième tour du tournoi d'Estoril en avril 2004 – notre premier face-à-face sur le circuit principal. Peu de temps auparavant, j'avais souffert d'une fracture de stress au pied face à Goran Ivanišević ; c'était la première manifestation de ce qui allait devenir la blessure la plus récurrente de ma carrière. Sur le court face à Richard, honnêtement, j'avais un mal de chien. Je pouvais à peine marcher. Mais nous avons joué trois sets et j'ai gagné le match. Je me souviens avoir dû déclarer forfait pour le suivant, et j'ai ensuite manqué trois mois sur le circuit – notamment ce qui aurait pu être ma première participation à Roland-Garros. Mais il était impossible que j'abandonne ; je refusais que les gens s'imaginent que je craignais Richard. C'est fou ce qu'une rivalité naissante peut vous pousser à faire…

On a disputé de grandes rencontres, tous les deux. Je pense notamment à cette demi-finale à Monte-Carlo en 2005, un match fantastique. Quelques semaines plus tard, le tirage au sort nous avait opposés au troisième tour de Roland-Garros, mon premier séjour porte d'Auteuil. C'était chez lui, face à ses supporters, alors qu'il venait de disputer la finale du tournoi de Hambourg. Évidemment, je n'étais pas ravi de ce tirage ! De manière générale, j'ai bien réussi à m'adapter à son jeu, même si mon coup droit de gaucher dans la diagonale m'a toujours avantagé face aux revers à une main des droitiers. J'ai beau avoir gagné ce match, et tous ceux que nous avons disputés depuis, j'ai toujours eu un immense respect pour Richard sur le court ! Avant de l'affronter, j'ai toujours pensé que je pouvais perdre – et qu'il fallait que je sois à mon meilleur niveau si je voulais m'en sortir face à lui.

Alors oui, il aurait peut-être pu gagner encore davantage qu'il ne l'a fait. Mais, depuis tout jeune, rien n'a été facile pour lui : Richard a dû faire face à des attentes folles. J'imagine assez bien à quel point il doit être difficile pour un enfant de faire face à l'engouement de toute une nation. Ce qu'il produisait ne semblait jamais au niveau de ce que les supporters espéraient. Pour être capable de s'en sortir, il a dû faire preuve d'une grande force mentale : maintenir un niveau si solide pendant tant d'années est un défi que peu de joueurs réussissent à relever. Richard peut être fier de sa longue et incroyable carrière.

Notre rivalité sur le terrain n'a jamais entaché nos relations. Je l'ai toujours soutenu : quand il a dû faire face à cette histoire de contrôle positif à la cocaïne en 2009, je n'ai pas hésité un seul instant à lui apporter mon soutien, à prendre position publiquement. Parce que je savais qu'il n'avait rien à voir avec cela, qu'il était impossible qu'il en ait consommé volontairement, et à plus forte raison qu'il ait fait cela pour tenter d'améliorer son tennis. Avec ces traces dans son corps, Richard affrontait un gros problème. Et là encore, il a su rebondir.

Durant toutes ces années, je sais que Richard a souffert de la comparaison avec moi. Comparer les jeunes joueurs est une activité que les médias adorent, et je peux le comprendre : j'ai beaucoup été comparé aux autres joueurs espagnols à mes débuts. Malgré tout, j'ai toujours essayé de faire mon chemin ; Richard aussi. Il est clair que les résultats que j'ai obtenus ont dû augmenter le poids qu'il avait sur les épaules. Je maintiens qu'il doit être très fier de ce qu'il a accompli. C'est ça, le principal. Chacun trace son chemin, et peu importe le reste.

Quand j'ai gagné, en janvier 2022, mon 21e titre en Grand Chelem à l'Open d'Australie, j'ai déclaré qu'il n'était pas si important que ça de savoir qui allait remporter le plus grand nombre de ces tournois majeurs entre Roger Federer, Novak Djokovic et moi. Je le pense très sincèrement. Chacun peut toujours regarder chez son voisin mais je crois qu'en tant que compétiteur, l'important est d'abord de donner le meilleur de soi-même. Au bout du compte, Richard et moi avons cette satisfaction personnelle, ancrée au plus profond de nous, d'avoir réalisé notre rêve d'enfance : devenir joueurs de tennis professionnels et jouer sur les plus grands courts du monde. On l'a fait. Le reste ne nous appartient plus.

Rafael Nadal

Revers gagnant

C'est ma botte secrète, ma marque de fabrique, la signature de l'artiste : un revers classique, à une main, comme un parfum de romantisme concédé au gré d'un parcours parfois sinueux et tourmenté. « My backhand » insistent mes amis anglais qui, à Wimbledon, m'ont toujours réservé un accueil privilégié en raison de ce geste que je maîtrise depuis l'enfance. C'est grâce à lui que je me suis fait une place au soleil, grâce à lui que j'ai gagné une réputation. Ce constat est peut-être exagéré, il est peut-être réducteur, mais correspond aussi la stricte vérité. Sur YouTube, on y voit automatiquement et presque uniquement mon nom associé à « revers », ou « backhand ». Dans ces vidéos, je me vois exécuter des revers en boucle, comme un robot capable de les dupliquer à l'infini. Certains extraits en compilent parfois soixante-dix à la chaîne. J'aurai au moins marqué l'histoire du jeu avec quelque chose. Combien d'excellents joueurs disparaissent de la scène sans rien léguer ?

Sans ce revers, je serais devenu un tennisman lambda. On n'aurait jamais vraiment parlé de moi, ou juste pour évoquer la fulgurance de mes premiers pas dans ce sport. Je suis l'homme-revers, et je n'en ressens aucune frustration : bien au contraire, j'en suis fier. J'aime les coups techniques. Je trouve une manifestation poétique dans l'exécution de certains mouvements sportifs. Quand j'observe les footballeurs, c'est surtout pour apprécier la beauté de leurs gestes. Et le revers à une main est beau, esthétique, pur. Rare, aussi. Savoir que, dans un sport aussi technique que le tennis, je suis l'un des porte-étendards d'une certaine virtuosité, cela suffit à me rendre très heureux.

C'est un coup très compliqué, surtout quand la balle arrive haut. Il n'y a pas beaucoup d'avantages à l'utiliser : c'est le coup le plus dur à réaliser, il laisse très peu de marge d'erreur ; pour retourner, c'est la croix et la bannière… Raison de plus pour l'adorer. Et puis c'est le coup le plus esthétique. Bon c'est vrai, la grosse boule au bout du manche de ma raquette, formée de trois couches de cuir enroulées, n'est pas élégante à proprement parler. Plus proéminente que celles de Robin Söderling ou de Yevgeni Kafelnikov, elle n'est pourtant rien de plus qu'une aide mentale, une cale psychologique.

Depuis que mon père a commencé à m'enseigner le tennis, j'ai toujours utilisé ce revers à une main. Je l'ai peaufiné au fil des ans mais, même petit, je n'ai jamais eu la sensation que la raquette était lourde au point de m'obliger à user de mes deux mains. Nombreux sont ceux qui l'ont décortiqué, ce revers, en disséquant son exécution, dixième de seconde par dixième de seconde : l'appui du pied, ferme afin d'imprimer l'énergie ; l'amplitude du geste qui amène la raquette au-dessus de la tête pour permettre de propulser la balle à une vitesse maximale ; la rotation avec le menton qui s'enfonce dans le haut de l'épaule droite ; le transfert de poids cherchant l'équilibre parfait, la tête immobile et les genoux confortablement fléchis.

Je joue sans vraiment penser à tout cela. La prise ? Fermée. L'action du poignet ? Aussi souple que possible. Que la balle soit basse ou haute, le plan de frappe est toujours identique : la main passe en dessous et remonte très violemment ; la balle repart, très vite, et tourne immédiatement. Le secret, si secret il y a, réside peut-être là : dans cette action relâchée du poignet qui va à mille à l'heure. C'est ce fouetté qui me permet d'imprimer énormément de force et de lift. Pourtant, de ma vie, je n'ai jamais fait d'exercice spécifique pour renforcer cette articulation.

Aussi, ma préparation de revers est ample, elle forme une boucle que l'on retrouve dans certains grands coups droits, ceux de Nadal et de Moya. C'est d'ailleurs Nadal qui m'avait mis sur la piste des raquettes profilées, moins rigides, qui m'ont permis d'injecter plus de puissance dans les coups. Dès que je l'ai vu s'engager sur cette piste, je l'ai imité en passant, toujours chez Head, de la gamme « Prestige » à l'« Extrême ».

Cette brutalité dans la frappe en revers est assez déroutante au vu de mon gabarit et de la puissance relative de mes autres coups. À l'exception de Stan Wawrinka, qui est plus puissant que moi, je ne la retrouve que très rarement parmi les autres revers à une main du circuit. La petite différence avec lui, c'est que je joue un peu plus lifté, avec plus d'angle et de trajectoire, j'ai plus de « main » tandis qu'il use de sa force physique pour être percutant. Je dirais que nous avons les deux meilleurs revers à une main de notre génération – en particulier pour les coups en fond de court, le long de la ligne. Mais il ne faut évidemment pas oublier le revers de Roger Federer, sa vitesse d'exécution dans les frappes à plat, et son *chip*, ses retours à la limite de la demi-volée.

Voici en toute immodestie mon top 5 des revers : 1er : Wawrinka ; 2e : Gasquet ; 3e : Federer (particulièrement pour le *chip*) ; 4e : Gustavo Kuerten et 5e ex æquo : Gastón Gaudio et Albert Costa.

En fin de compte, très peu de joueurs m'ont fait mal dès lors que s'installaient des échanges en diagonale revers. Seul Novak Djokovic me domine incontestablement de son revers à deux mains, qu'il joue fort, tôt, le long de la ligne s'il le veut et surtout, qu'il ne rate jamais.

J'ai, dans ma besace, toutes les couleurs de revers : le croisé, le long de ligne, celui joué à plat, le lifté, celui qui va chercher les balles courtes mais aussi celui qui renvoie les balles hautes, à pleine puissance ou plus molles. Aussi, je dois dire qu'il n'existe pas, dans l'histoire, de joueur qui ait pu jouer aussi court croisé que moi. Le poignet, là encore, est en cause. Lors d'un match de double de Coupe Davis contre l'Australie à Mouilleron-le-Captif, Lleyton Hewitt et moi-même nous étions lancés dans un échange en diagonale revers, chacun dans sa moitié de court. Il avait tout tenté pour me sortir de ma zone de revers ; en échange, je lui avais montré l'éventail de revers que je connaissais. Finalement, je l'avais crucifié sur une balle courte croisée. Tsonga, qui était sur le court, ainsi que Simon et Monfils, qui assistaient à ce point, m'en avaient parlé pendant des mois. Il y a eu, comme ça, des moments dans ma carrière, estampillés comme appartenant à la « saga revers » : le quart de finale à Wimbledon contre Andy Roddick en 2007, avec plus d'une centaine de points gagnants, dont une grande majorité de revers en tous genres ; et bien évidemment la balle de match contre Federer à Monte-Carlo en 2005 avec ce passing-shot tiré du coin du court, très loin du filet... Un match phénoménal. Globalement, peu de joueurs sont capables de poser des passings de revers avec autant d'assurance que moi. Si l'adversaire monte à la volée après un slice, et que je ne suis pas totalement débordé, il y objectivement 99 % de chances que je gagne le point.

Cet état de fait est tellement ancré dans les esprits que Nicolas Mahut m'a fait promettre de commettre une petite effronterie si je jouais contre lui en fin de carrière. On appellerait ça « le point inachevé » : il monterait en slice sur mon revers et moi, au lieu de frapper dans la balle, je l'attraperais avec la main. Évidemment, Nicolas aurait la courtoisie de me donner le point, puisqu'il l'aurait perdu de toute façon. Voilà le contrat passé entre nous.

Il m'est difficile d'expliquer mon aisance en revers. À bien y réfléchir, il pourrait y avoir eu un effet de compensation avec mon coup droit. Quand j'étais jeune, je jouais ces deux coups d'une aisance égale, mais plus je doutais de mon coup droit, mieux mon revers se portait. Cela a donné un résultat étonnant : le bon revers dont je disposais initialement est progressivement devenu hors du commun, tandis que mon coup droit a décliné. Il me semble que c'est là que réside une partie du mystère de mon jeu. Mais alors, pourquoi ai-je perdu confiance en ce coup droit ? Lors des périodes de stress que j'ai traversées en 2003 et 2004, j'ai perdu un peu de la spontanéité, de la magie qui faisaient mon tennis ; le coup droit me lâchait en premier dans les moments de doute. C'est toujours le cas aujourd'hui : il va et il vient. Peu à peu, j'ai commencé à prendre moins de risques avec ce coup qui, d'ordinaire, permet d'attaquer. La décision de mon coach de l'époque, Tarik Benhabiles, de modifier ma technique de coup de droit, a coïncidé avec le début d'une série de défaites qui a affecté ma confiance et surtout, ma lucidité vis-à-vis de ce geste. Aujourd'hui, mon coup droit n'appartient sans doute pas aux deux cents meilleurs du circuit... Imaginez si j'avais celui de Federer : je n'aurais même pas eu besoin de m'entraîner.

Paris Match, le poids des maux

Je me revois encore dans l'avion New York – Paris, au dernier rang de la classe éco, le regard perdu dans l'horizon, me murmurant : « Tu es un connard. Tu vas arrêter le tennis. » Pas de doute, ça n'allait pas fort. Qu'est-ce qui m'avait pris, quelques heures plus tôt, sur ce court annexe de l'immense complexe de Flushing Meadows à l'US Open ? La semaine précédente déjà, au premier tour du Challenger du Bronx, le 17 août, j'avais abandonné en plein match, contre un autre Français, Julien Jeanpierre, alors que je perdais 3-0. Je jouais trop mal, j'étais trop frustré. L'ATP n'avait pas vraiment aimé et m'avait infligé une amende avec ce commentaire : « On aimerait bien que Richard Gasquet termine plus souvent ses matches. »

L'édition 2004 du tournoi venait à peine de démarrer ; je disputais mon premier match de qualifications contre l'Américain Michael Russell. Mais ce tour de qualification de l'US Open n'allait pas se passer comme prévu. Imaginez : je prends le premier set, mais je suis mené 4-1 dans la deuxième manche. Après un point perdu, dos au filet, je me dirige vers le fond de court et, de rage, je jette sans trop regarder ma raquette vers les bâches. Une seconde après, elle ricoche et rebondit sur l'arcade sourcilière d'un juge de ligne. Un vrai geste d'abruti... La panique s'empare de moi devant l'inévitable disqualification. Mon père, qui m'accompagne, reste sans voix, désemparé face à la bêtise de ma réaction. Une heure après, je vais à la rencontre du juge de ligne dans l'espace qui leur est réservé, m'inquiétant de sa réaction, et évidemment d'un éventuel dépôt de plainte. Son arcade saigne toujours mais il reste très sympathique, et du haut de sa cinquantaine débonnaire, il semble surtout gêné pour moi et ne me fait aucune réprimande.

Aujourd'hui, avec l'amplification des moindres faits et gestes de chacun sur les réseaux sociaux, je serais bon pour un arrêt de plusieurs mois accompagné de quelques commentaires hystériques. C'est ce qui est arrivé à Djokovic à l'US Open en septembre 2020, lors de sa disqualification face à Carreño Busta, lorsque la balle qu'il avait tapée violemment avait malencontreusement heurté le visage d'une juge de ligne. Les réactions ne s'étaient pas fait attendre et étaient tout aussi démesurées que le geste du Serbe.

Ma chance à l'époque avait été mon relatif anonymat. *L'Équipe* n'en avait pas fait des tonnes. Mais j'avais craqué – complètement. Ce geste symbolisait toute la détresse qui m'habitait depuis de longs mois déjà. J'étais perdu, à l'agonie. J'avais tout pour réussir et ça ne marchait plus. On m'avait porté aux nues, j'avais encore l'étiquette du n° 1 mondial junior, mais je sentais que pesait le lourd fardeau des attentes, l'insouciance des premiers exploits passés. J'avais dix-huit ans, mais l'impression d'en avoir trente. Un jeune vieux passé, en quelques mois, d'un état d'apesanteur à un épuisement psychologique. À force d'être dans la lumière, je n'avais plus le moindre coin d'ombre pour me reposer l'esprit. Comme une petite bombe à fragmentation, la une de *Tennis Magazine* de février 1996 revenait sans cesse sur le tapis : « Il a fait la une de *Tennis Mag* à neuf ans ! » Le petit génie se devait de devenir un grand génie. Au tout début, cette pression avait glissé sur moi, mais elle avait pernicieusement généré tant d'attente que je n'arrivais plus à assumer les espoirs placés en moi. Je sentais que je décevais. Cela se manifestait d'une manière toute simple : je n'arrivais plus à mettre mon jeu en place. J'étais si peu sûr de mon tennis que je passais des heures et des heures avec mon père à faire du panier au Paris Jean-Bouin, encore et encore. Je n'étais plus capable de trouver les facultés de gagner et ça m'anéantissait. Plus je ratais des coups, plus je devenais nerveux. Je cassais beaucoup de raquettes. Les articles devenaient négatifs. Et j'ai fini par être déçu de moi-même.

En revenant de New York, j'ai demandé à mon père s'il pouvait me trouver un stage au magazine *Paris Match*. Je l'admets, ce n'est pas la reconversion qui vient immédiatement à l'esprit quand on pense à moi. Pourtant, jusqu'en seconde, avant d'arrêter les cours, j'avais été un bon élève, qui ne faisait que très peu de fautes d'orthographe. Plus que sur mon potentiel comme journaliste, je m'interrogeais sur ce qui restait de mes acquis en tant que tennisman. Mon père, qui voyait dans quel état je me trouvais, m'avait demandé si je ne voulais pas envisager de faire autre chose. Et, comme on était dans la galaxie Lagardère, qui chapeautait mon projet, j'avais pensé à *Paris Match*... Le poids des maux !

Je n'avais plus envie de me battre. Je sentais très peu de bienveillance à mon égard depuis pas mal de temps déjà. Vers seize, dix-sept ans, j'avais souffert de la méchanceté et de la jalousie. Je ne pense pas qu'un sportif français ait jamais été autant psychanalysé que moi, sur la durée et sous toutes les coutures. On épiait la moindre de mes attitudes, on commentait jusqu'à mes grimaces : j'étais un cobaye de l'analyse comportementale. Il fallait, soi-disant, que je « crache le truc que j'avais au fond de moi », que je « change mon approche mentale » dès l'apparition d'une défaillance, que j'« exulte plus quand je gagne », ou que je « lève la tête plus haut en cas de défaite ». Après ma disqualification à New York, le directeur technique national de la Fédération Française de Tennis de l'époque, Jean-Claude Massias, avait décrété : « Richard est en phase de crise ». Pour un peu, on se serait cru à l'OM, ou au PSG.

Rien de ce que je faisais n'était considéré avec légèreté : on fantasmait mon identité – alors que j'étais juste un mec normal, à la trajectoire étonnante. Je n'avais pas l'impression de me comporter comme un extraterrestre digne d'être passé aux rayons X. J'avais abandonné quelques matches durant les derniers mois et m'étais retrouvé avec l'étiquette du jeune qui avait un bon bras mais qui capitulait facilement. À leurs yeux, il aurait fallu que je sois un guerrier de dix-sept ans ; effectivement, je ne l'étais pas à chaque rencontre. Mais est-ce que cela méritait autant de violence ? Au lieu de se demander « Que lui arrive-t-il ? », au lieu de se rappeler qu'il était normal qu'un si jeune joueur accumule une forme de fatigue mentale, on me tapait dessus. Dans ses années de formation, et pendant l'adolescence à plus forte raison, un jeune joueur n'a pas besoin de conflits pareils ; seulement d'ondes positives. Doucement, les petits refrains lancinants et confits de négativité ont commencé à me hanter. Pire encore, ils allaient dans des recoins de plus en plus intimes : la présence même de mes parents à mes côtés a été remise en question.

On me disait : « Tes parents, il faut couper le cordon avec eux. » J'ai consacré du temps à ces discours et pour arriver au sommet, du temps, il n'y en a pas. Il n'y a aucune minute de vie à perdre dans ce monde impitoyable qu'est celui du tennis. Le climat en France n'était pas toujours propice à la performance, pour être honnête. Et surtout, je n'avais pas un entourage assez fort à l'époque ; je n'ai rencontré personne d'assez solide pour me rattraper. Il faut dire que ce « truc » n'avait jamais été vu en France. Quand je dis ce « truc », je parle de moi, moi qui explose les barrières de la précocité. Et personne n'a fait l'effort de le comprendre ou d'en étudier les caractéristiques et les pièges. J'étais tellement fort, c'était nouveau pour tout le monde. On n'était pas prêt pour accompagner un tel phénomène. Je n'ai pas eu avec moi quelqu'un de suffisamment solide pour épauler ce que j'étais, pas de capitaine à bord. J'étais censé avoir des pare-feu, des filtres, des gens capables de tempérer, prendre les choses sur eux, faire barrage autour de moi pour me protéger. Mais non. J'étais seul dans l'océan, vent de force 5. Seul dans la machine à laver qui n'arrête plus de tourner, qui lessive le cerveau. Si Didier Deschamps voyait que Kylian Mbappé était en souffrance au PSG, par exemple, j'imagine qu'il essayerait de l'aider. Pour moi, les pointures n'ont pas été au rendez-vous : Forget, Pioline, Noah... Aucun d'eux n'est venu me voir pour me dire qu'il allait me donner un coup de main. J'aurais aimé trouver Noah à ce moment-là de mon adolescence. Mais ces années ont coïncidé avec celles où il explosait avec la musique. Il était ailleurs, sur scène ou en studio, lancé dans sa nouvelle saga. Je crois que l'on s'est raté à l'époque. Le rapprochement a eu lieu plus tard.

En attendant, mes parents étaient perdus. Francis, mon père, faisait ce qu'il pouvait ; il me défendait quand on insistait sur mon manque de courage. Il avait rappelé à qui voulait l'entendre que j'avais gagné le titre junior de Roland-Garros, les mains en sang à cause d'un produit que je prenais contre l'acné. Mais, à mes côtés, il aurait fallu un vainqueur d'un tournoi du Grand Chelem, ou un coach plein d'expérience. Moi, j'étais accompagné par des entraîneurs qui apprenaient en même temps que moi. Éric Winogradsky, par exemple, a été très bon au début mais, après la déflagration de ma première victoire professionnelle à Monaco en 2002 contre un demi-finaliste de Roland-Garros, Franco Squillari, il a commencé à fatiguer.

On s'est séparé en juillet 2003, parce qu'il voulait aussi prendre ses distances avec ma famille.

À cette époque, je plafonne un peu dans mes résultats. Les trois *wild-cards* qu'on m'a octroyées à l'Open d'Australie, à Monaco et à Roland-Garros sont autant d'échecs. Je perds face à Mikhail Youzhny, David Nalbandian et Nicolás Lapentti à Paris – contre qui j'abandonne au troisième set. Sur le court, je sens que, physiquement, c'est dix fois plus dur que contre Costa l'année précédente : un énorme coup de barre commence à se faire sentir. Même si je sauve les apparences en remportant des tournois Challengers, la chute s'amorce.

En septembre 2003, le président de la fédération, Christian Bîmes, met en place une structure financée en partie par Arnaud Lagardère autour de Tarik Benhabiles, le coach à la mode du moment. Il vient d'avoir de très bons résultats avec le jeune Andy Roddick : c'est un peu l'entraîneur « Hollywood ». Entre nous, c'est un mariage qui ne fonctionne pas, gâché par une sorte d'incompatibilité générale. Même si je gagne à ses côtés mon premier tournoi au Challenger de Grenoble, intégrant ainsi à dix-sept ans le top 100 mondial pour la première fois de ma vie… Cette balise, pourtant importante dans une carrière, ne m'a pas laissé un souvenir impérissable. J'avais d'autres objectifs, plus ambitieux encore.

Début décembre, nous émigrons tous en famille chez Benhabiles, qui vit en Floride : cap sur le *Boca Sailing and Racquet Club* ! Les palmiers, le soleil et... le blues. Il aurait été tout aussi bien de s'entraîner à Paris. On a dit, après coup, que j'aurais dû partir sans mes parents. Encore une bêtise : ç'aurait été pire. Qu'est-ce que j'aurais bien pu faire là-bas, seul ? La collaboration s'arrêtera un mois plus tard, en janvier 2004, sur une défaite au 1er tour à l'Open d'Australie. Mieux valait en rester là. C'est donc Francis qui m'accompagnera sur une tournée sud-américaine qui sera la seule parenthèse heureuse de cette époque.

La même année, quand j'arrive à Roland-Garros fatigué des mois précédents, des tics apparaissent, comme les signes extérieurs d'un mal-être évident. L'histoire retiendra que j'y ai gagné le double mixte avec Tatiana Golovin. Peut-être que le jeune coq qui bouillait au fond de moi à l'époque n'admettait pas de perdre contre une équipe qui comptait une fille... C'est drôle, on me parle souvent de ce titre. Dans la présentation de certains matches, les speakers le disent : « Vainqueur du double mixte à Roland ! ». J'ai envie de leur répondre : « Les gars, ça reste un double mixte ! ». Avec celui des juniors, j'ai gagné deux titres du Grand Chelem à Roland – ceux qui ne servent à rien, c'est con. Et celui-là ne m'a pas sauvé de ma tristesse de l'année 2004 : il ne m'avait pas fallu vingt-quatre heures pour me rappeler que je jouais mal au tennis.

Ces deux années difficiles auront vraiment marqué ma carrière. C'est à ce moment-là que j'ai manqué l'occasion d'atteindre un cap, et de gagner des grands titres en prenant le bon chemin. J'ai plafonné et perdu un temps fou, un temps qui ne se récupère jamais. C'est un grand regret. Une immense frustration qui me laisse un goût d'autant plus amer que je sais maintenant, avec mon expérience, ce qu'il aurait fallu faire à ce moment-là pour me protéger et me faire grimper.

Sérignan

Je l'ai eue vraiment jeune, ma première raquette. Je ne l'avais pas spécialement désirée, elle est tombée entre mes mains parce que mes parents étaient professeurs de tennis. Je les ai vus enseigner d'abord à Valras, puis au club du TC Sérignan, tout près de Béziers. À trois ans, je frappais déjà dans la balle, face au mur du club pour m'exercer. Si petit, je ne me suis pas posé la question de savoir si j'aimais cela ou pas. Je tapais machinalement, et c'est tombé sur moi. Je comprends aujourd'hui ma progression fulgurante par le fait que j'ai tout de suite été heureux d'être là. Il faut être bien dans sa vie pour bien jouer et je l'étais. Pour être un champion, il faut que quelque chose se passe autour. Une atmosphère, une effervescence. Tout s'est joué « là ».

« Là », pour moi, c'était ce club du TC Sérignan, qui n'avait pourtant rien d'incroyable. Trois cents membres, cinq courts en dur à l'époque, un mini-tennis, un tout petit *club-house* toujours rempli, avec une télé, un modeste divan interdit à ceux qui venaient de finir un match, des vestiaires spartiates, une douche et un sanitaire, et surtout un stade tout à côté – détail plus qu'important pour moi qui ne pensais qu'à taper dans toute forme de balle ou de ballon. Même si ça me faisait un peu peur de le constater, je progressais très vite.

On voyait bien qu'avec mon petit ballon de foot, j'aimais bien dribbler en étant très accrocheur, en usant de la puissance de mes jambes. On sentait la gestuelle quand je tapais la balle de tennis contre le mur, très longtemps sans me lasser. Ma première « convocation » de la Ligue a eu lieu à Montpellier quand j'avais quatre ans ; les autres enfants en avaient six, et le conseiller technique régional a vu que ce que je proposais pouvait ressembler à du vrai tennis.

Au club, on avait la chance d'avoir comme président Robert Salamero qui organisait tout l'été des tournois avec des clubs du Biterrois, et l'été se terminait par le Masters qui avait lieu chez nous, à Sérignan. Je m'y suis mis à six ans. À huit ans, à Saint-Hippolyte-du-Fort près de Béziers, je disputais mon premier tournoi adulte. Tout est allé très vite. Il est toujours compliqué de savoir pourquoi certains sont meilleurs que d'autres si rapidement ; la génétique, sans doute. Ou peut-être, simplement, qu'il s'agit de planter la bonne graine dans le bon environnement... Personnellement, je l'explique par cet amour du club, cette ambiance avec mes amis, avec mon père, Francis, derrière moi comme entraîneur. J'étais heureux d'être au club. J'ai tout vécu, là-bas : mes mercredis, mes dimanches, mes vacances et mes amitiés. Je ne restais jamais chez moi. Je prenais les clefs du *club-house* et je partais en laissant ma mère, incapable que j'étais de rester plus d'une minute dans ma chambre. De trois à treize ans, j'ai passé toutes mes journées dans un périmètre de deux kilomètres carrés. Je n'ai rien fait d'autre, je ne voulais rien faire d'autre : PlayStation, stade, tennis, école.

Très vite, après mes dix ans, j'ai dû partir disputer des championnats nationaux ou des compétitions internationales de jeunes. La plupart du temps, je ne m'y sentais pas bien. Je voulais rentrer le plus vite possible. Pourtant, il n'y avait pas de raison pour moi d'être mal à l'aise durant ces voyages : je ne perdais jamais chez les jeunes. Les championnats de France, je les ai gagnés avec deux ans d'avance. En 1999, je remporte les Petits As à Tarbes, la plus grande compétition internationale des jeunes, en battant un certain Rafael Nadal en quart de finale. Après cette victoire, je me souviens m'être immédiatement dit : « Super, le tournoi est fini ! » La suite, je n'en avais plus rien à faire.

La seule chose qui m'importait, c'était de rentrer en voiture le soir même pour être sûr d'être au stade ou sur le court à Sérignan le lendemain. Je tenais à retrouver mon train-train : me réveiller à 5 h 30 du matin avant d'aller à l'école pour jouer à la PlayStation, à *Jonah Lomu Rugby* plus précisément. Aujourd'hui encore, même si cela peut paraître choquant, je trouve les jeux vidéo très importants dans le développement d'un jeune joueur. Il n'y a pas que des trucs débiles ! On y cultive une certaine dextérité, une certaine coordination des yeux avec le cerveau. Il ne faut pas faire d'excès, mais j'en recommande vraiment la pratique : Federer en est un expert !

Du collège tout proche, je revenais jouer au tennis entre midi et deux, et le soir à la sortie de l'école ; jusqu'à la quatrième, je n'ai pas eu d'horaires aménagés. Derrière les courts se trouvait donc le fameux stade. Avec une dizaine d'amis de mon âge, on y fonçait dès que possible, pour y jouer au foot ou taper des transformations. C'était mon petit paradis. Les moments où j'étais le plus heureux n'étaient pas ceux où je gagnais des matches de tennis ; c'étaient ceux où je marquais des buts. C'est moi qui coordonnais un peu les choses dans le groupe : j'avais le ballon, je composais les équipes. Une sorte de chef de bande. C'est marrant, je n'étais pourtant pas très expansif ; on me disait même timoré avec ceux que je ne connaissais pas.

Ensemble, on regardait souvent les cassettes vidéo de tennis que mes parents m'achetaient. Il y avait celles des tournois de Roland-Garros à partir de 1990 ; à l'époque Bruguera, Courier, Berasategui, Muster, Kafelnikov foulaient les courts. Bon, ce n'est pas cette période qui m'a fait chavirer : ce n'était pas l'époque la plus extraordinaire. J'aimais bien assister aux échanges et à la construction des points. En revanche, la cassette qui retraçait le parcours de l'équipe de France de Coupe Davis en 1991, contre Israël, l'Australie, la Yougoslavie, avant le triomphe face aux États-Unis à Lyon était bien plus passionnante. Je la visionnais « de manière obsessionnelle », avaient diagnostiqué certains : jusqu'à trois fois par jour. J'avais cinq ans, mais j'étais scotché. Par Henri Leconte, surtout, et sa flamboyance. Il dégageait quelque chose, beaucoup d'envie. Dans ce match de dingue qu'il gagne contre Sampras, il s'encourage à chaque fois, à l'aide de coups toujours plus exceptionnels. Je ne me disais pas : « un jour, ce sera moi ! » Je ne me projetais pas tant. D'ailleurs, il ne faut pas croire que je m'entraînais énormément : parfois, je pratiquais à peine trente ou quarante minutes par jour, avant de courir jouer au foot.

J'en connais tellement qui se sont plus entraînés que moi... Ce que je dois préciser, en revanche, c'est que j'y mettais beaucoup de passion. Ma vie tournait autour du tennis ; même le jour de Noël, je jouais des sets organisés par mon père contre des joueurs du club.

Il y avait le limeur, le gaucher, celui qui coupait toutes les balles, celui qui les liftait avec pugnacité. Toute la palette du tennis de club ! C'est sûrement grâce à cela que je suis devenu fort tactiquement. En revanche, sur le court, c'était du sérieux : on ne faisait pas le con. Mon père imposait beaucoup de discipline. Le tennis n'était pas un amusement. Pour progresser, il fallait de la technique, des balles dans le court, et énormément de concentration. Il ne plaisantait pas du tout, Francis. On pouvait se prendre une balle dans le cul à la moindre incartade ! Normal, c'est le tennis ; et le tennis, c'est dur, il faut être dur ; et c'est ce qui fait que tu deviens fort. Je ne vois pas le tennis autrement. Parce qu'il fallait les gagner, les matches dans les tournois adultes alors que je venais de fêter mes dix ans ! Je m'accrochais beaucoup. Cela m'a construit très tôt. Une défaite pouvait faire perdre des points au classement, et ça, il n'en était pas question. Malgré mes facilités initiales, ce que certains ont pu appeler du génie, je n'ai disputé que très peu de matches faciles. Jamais je ne me suis laissé aller à une quelconque forme de confort. Contre les adultes, il fallait *se battre* : quand j'étais classé 5/6 et que je perdais à 15/1, je sortais traumatisé du match. J'étais effondré par ce qu'on appelle une « contre » (une contre-performance désigne une défaite contre un joueur dont le classement est inférieur). Dès mes onze ans, j'ai ressenti cette espèce de pression. Elle a contribué à développer chez moi un énorme esprit de compétition. J'en devenais fou, de cette histoire de classement. À l'époque, on ne le découvrait qu'à la fin de la saison, il était dévoilé sur le Minitel. La veille du jour J, je ne dormais pas de la nuit. Réveil à 4 h 45 et je tapais mon identifiant : 3615FFT. 3615FFT, je m'en souviens comme si c'était hier. J'ai progressé très vite : 15/4 à neuf ans, 15/2 à dix ans, 5/6 à 12 ans, on n'avait jamais vu ça. J'ai été rapidement catalogué dans la région, puis au niveau national, quand je suis allé disputer à Roland-Garros ce qui s'appelait le Challenge Reebok, l'officieux championnat de France des benjamins. Et si une otite m'avait privé de la victoire, le bouche-à-oreille avait été activé, bien au-delà du microcosme que représentait le tennis régional. J'étais très fort, ça oui. Je le sentais, même si je ne percevais pas tout de l'engouement que je provoquais. Les agents venaient déjeuner à la maison. Je restais cinq minutes, ce n'était pas mon affaire. Je partais vite au stade. Rapidement, des sponsors, Lacoste et Head, ont commencé à proposer des contrats à 300 000 francs, puis 50 000 francs pour PlayStation. On disait qu'« on n'avait jamais eu affaire à un pareil cas », que mon potentiel commercial était « indescriptible ». Cela ne m'atteignait pas du tout. Je faisais le spectacle depuis mes sept ans. Chaque fois que je jouais dans un club pour un tournoi, on pouvait compter deux cents personnes autour du court. Je n'aimais pas ces yeux braqués sur moi. À l'extérieur, je n'avais pas envie qu'on sache que je jouais au tennis, et que j'y étais bon. En primaire, *Okapi* était venu faire un article sur moi, dans la classe ! Un moment très gênant, surtout lors de la séance photos : j'avais l'impression d'être un phénomène de foire.

Arrive alors ce jour de la parution de *Tennis Magazine*, en février 1996. Les journalistes étaient venus quelques semaines plus tôt. Les photos prises dans les dunes et à la plage m'avaient particulièrement embêté : elles avaient pris une bonne partie d'une après-midi qui aurait dû être consacrée à une petite session de drops au stade. Quelques photos, et on en était resté là. Personne ne nous avait prévenus de la suite. À la réception du magazine, j'espérais un papier de quelques lignes en fin de journal, et basta. Je me trompais…

Ma grand-mère, la première au courant, avait appelé mes parents un matin : « Il y a Richard en photo sur *Tennis Magazine*. Sur la couverture ! »

Je crois bien que Francis a pensé que sa belle-mère était devenue folle. Mais la photo de la une était bien en manchette, en devanture des magasins de journaux du coin. Putain, c'est moi qu'on voyait à la une ! « Richard G., 9 ans, le champion que la France attend ? », avec une photo de moi, bien en équilibre avant de frapper un revers. Un petit gars de neuf ans, les yeux rivés sur la balle.

Comment mes parents et moi-même – sans expérience et à mille lieues d'imaginer que je serais un jour professionnel –, aurions-nous pu imaginer une telle chose ? J'étais défait. J'avais beau être un minot, j'avais conscience de la hiérarchie du tennis et de la valeur qu'avait une exposition en une. La une, c'était pour Noah, Leconte que je voyais en boucle sur mes cassettes vidéo... En fait, j'avais honte. Qu'est-ce que je faisais là, à la place que Boris Becker – sextuple vainqueur du Grand Chelem – avait occupée un mois plus tôt ?

On m'a raconté, plus tard, que *Tennis Magazine* avait repris le concept de *World of Tennis*, un magazine américain qui, en 1967, avait mis en une une enfant de cinq ans (cinq ans !) que tout le monde trouvait géniale. C'était Tracy Austin qui, par la suite, avait confirmé sa précocité en remportant l'US Open en 1979 et 1981. Avec mon mètre trente-sept et mes trente-trois kilos, j'étais déjà un enfant star. Pourtant, tout restait encore à construire.

À l'intérieur du magazine, l'article s'étalait sur huit pages, avec une double d'ouverture titrée : « Les dons du ciel ». voilà ce qu'on pouvait y lire : « Plus que les résultats déjà évoqués, plus même que ce rapport âge/classement estomaquant, c'est son allure générale sur le court qui fascine. Au moins autant que la palette d'un jeu remarquablement complet. Le genre de jeu porté vers l'offensive et les accélérations qui est le plus souvent jugé – tant par les enfants que par certains entraîneurs – comme trop risqué pour pouvoir assurer des résultats immédiats. » C'est vrai, mon revers à une main marquait déjà les esprits : je prenais la balle en trajectoire montante et montrais beaucoup d'aisance dans les enchaînements service-volée. J'étais un petit bonhomme mais, tout le monde le disait, on voyait que l'on avait déjà affaire à un vrai joueur de tennis par mes anticipations, mon coup d'œil et mes initiatives comme le contre-pied, la montée à contretemps... Mais justement, c'est parce que j'avais le jeu, et rien que le jeu, dans la peau. Le journaliste de *Tennis Mag* m'avait d'ailleurs demandé : « Que voudrais-tu faire plus tard, Richard ? » La question n'avait à mes yeux aucun sens. La réponse allait de soi : « Jouer » ! Dans l'article, ma mère avait raconté que je « ne mang[eais] pas un steak, mais deux ». Oui, j'ai toujours beaucoup mangé : les gens du club rajoutaient un steak dans mon assiette quand je déjeunais au *club-house*. C'était plutôt bienveillant, bon enfant, évidemment. Mais ce n'est pas facile d'être scruté comme ça.

Quelques années après *Tennis Magazine*, *Midi Libre* est venu faire un article pas très sympa : le journaliste m'avait parlé dix minutes et, puisqu'une partie de foot commençait, je l'avais laissé en plan. Qu'est-ce que vous vouliez que j'en aie faire à douze ans, de cette entrevue ? Il avait titré : « Gasquet, le Anelka du tennis ». Premières polémiques, donc...

Il faut le vivre pour comprendre que ce n'est pas simple. Tu es jeune. Tu te cherches et tu sens les regards sur toi, en permanence. J'ai un mot qui me vient à l'esprit : *casse-couilles*. Je n'étais pas préparé à cela. Au collège, j'avais été exempté d'EPS pour pouvoir me consacrer au tennis. Quand ma classe partait faire cette heure de sport, elle passait par un chemin qui surplombait le court. Je les voyais tous arriver, et vous ne pouvez pas imaginer à quel point ça me dérangeait. Je n'avais pas envie de les voir, pas envie qu'ils me voient. Alors j'allais systématiquement aux toilettes à ce moment-là. Je me cachais ! Et j'attendais que la classe soit loin pour reprendre l'entraînement.

Je faisais tout pour que l'on en sache le moins possible. Parfois, cela marchait. Un jour, un camarade de classe, qui venait de voir des images des Petits As de 1999, m'avait lancé : « Je t'ai vu à la télé. Tu ne jouerais pas au tennis, toi ? » C'est sur le tard, à l'occasion de ma victoire sur Federer à Monaco en 2002 à quinze ans, que des élèves du même collège que moi ont découvert mes talents cachés. Quand j'en rencontrerais quelques-uns plus tard, ils me diraient : « C'est fou, on était dans la même classe ensemble et je n'en savais rien ! ». C'est dire combien j'essayais de me camoufler et combien le regard des autres pouvait être pesant. Au club, ça allait, je connaissais mon monde. Et je n'étais pas le chouchou, même loin d'être le dernier qu'on chambrait. C'était du genre : « Toi, je te bats quand tu veux, mais il faut demander l'autorisation à tes parents, parce que t'es trop petit » ! Cela ne me déstabilisait pas.

Il y avait parfois des scènes cocasses. Les Italiens chez les jeunes, ils m'appelaient « Dieu » quand ils me voyaient... C'était tout juste s'ils ne se prosternaient pas ! Bien plus tard, quand j'ai joué le tournoi Masters 1 000 de Rome chez les pros, j'en ai reconnu un, un jeune de cette époque dans les tribunes après le match. Il avait les larmes aux yeux, comme si j'étais une apparition. Ce que je suscitais n'avait rien de normal pour moi. C'est sans doute pour cela que je ne voulais pas quitter Sérignan ; je voulais éviter ces scènes qui n'avaient pas de sens. Jouer à Roland-Garros pour les championnats de France des jeunes était le rêve de tous les gamins ; ça ne m'a fait aucun effet. À cette époque-là, la porte d'Auteuil n'avait rien d'un sanctuaire pour moi. Il y avait peu d'endroits où j'étais content d'être.

Parmi les grands moments de ma jeunesse, j'ai un souvenir ému du championnat du monde des moins de quatorze ans que l'on avait disputé avec Jo Tsonga en République tchèque. Nous avions gagné en finale face aux Chiliens. Pour lui comme pour moi, cela fait peut-être partie des plus beaux moments de tennis de notre vie. Il y avait eu deux belles soirées dans le week-end ; on y avait beaucoup ri, et la compétition était bien organisée. Il n'en faut parfois pas plus pour laisser des souvenirs à jamais. Et surtout, je jouais, pour m'éclater, les matches par équipes avec le club de Sérignan. J'y avais découvert la joie des doubles décisifs. Je faisais mon sac la veille, j'y glissais ma raquette, la Radical d'Agassi, et je partais avec les amis. La montée en Prénationale, à la Grande-Motte, reste dans le Panthéon de mon enfance. Bien plus que les Petits As.

À la Grande-Motte, j'avais aussi disputé en 2000 un tournoi adulte sur dur où j'avais fait fort en matière de précocité et de performances. Classé 0, j'avais enchaîné le samedi et le dimanche des victoires à –2/6, –4/6, –15 et –30 pour gagner le tournoi contre les durs à cuire de la région. Je me souviens d'un dénommé Chevalier, et du Sud-Africain McLaren. Avec mon classement, les battre représentait un vrai défi : je devais toujours trouver des solutions face à des gabarits différents. Mais j'étais un sacré compétiteur. Les adultes, de la part de qui il ne fallait jamais attendre de cadeau, finissaient effondrés quand ils perdaient. Chaque fois que je gagnais en tournoi, ma mère me donnait une pièce de 10 francs pour que j'offre une boisson à l'adversaire. Je ne sais pas combien ça a fini par lui coûter… En tout cas, le « titre » de la Grande-Motte m'avait rapporté mille cinq cents francs. Ce qui m'avait principalement motivé à les gagner, c'était d'acheter un pot d'échappement Polini pour faire gagner de la puissance à ma petite moto Aprilla RS 50 cm^3. Elle était là, ma passion cachée. Je lisais toutes les revues spécialisées, sans dire à mes parents que j'atteignais des pointes à 100 km/h. Mais, trois mois après l'achat de mon pot tout neuf, Francis m'avait appelé pour me dire qu'il fallait que j'arrête avec cette moto. Il avait dû voir un film où un jeune avait eu un accident. Du jour au lendemain, c'en était fini de mes chevauchées au guidon de l'Aprilla. Je n'avais rien dit : à l'époque, j'acceptais tout. J'étais bon élève.

Maryse et Francis

Maryse et Francis… C'est vrai, j'appelle mes parents par leur prénom. Je dis rarement « mon père », ou « ma mère ». Je sais que ça n'est pas commun. Il y en a qui font comme moi. Il y en a, mais pas beaucoup. C'est souvent une réponse que je donne quand on me questionne sur l'une ou l'autre de mes particularités : « Il y en a… »

Mes parents sont donc pour moi « Maryse et Francis ». Ces prénoms n'empêchent ni la proximité, ni le respect mutuel, ni l'amour.

Mais que n'ai-je entendu sur Maryse et Francis !

Qu'ils ne m'ont pas laissé respirer, qu'ils me traitaient comme un petit garçon, qu'ils ralentissaient mon émancipation, que sais-je encore. S'ils demandaient à l'accueil d'un tournoi une serviette pour ma douche, un ticket-restaurant avant d'aller manger, c'était la preuve ultime que la cellule familiale, trop présente, nuisait à mon ascension. J'ai lu parfois qu'ils étaient des gens sévères, que je n'avais pas le droit d'aller dormir chez des amis durant mon enfance, que j'avais été privé de ski et de classes vertes. Jamais je n'ai eu envie d'aller skier ! Je le redis, jeune, je n'avais pas envie de partir de chez moi. Ma vie était au TC Sérignan.

À l'inverse, un jour de grande chaleur, à Melbourne, j'avais réclamé d'une manière un peu péremptoire : « Maryse, crème solaire ! », avec l'accent rocailleux du Sud… Un journaliste m'avait entendu ; il en avait été surpris, avant de raconter cette scène qui avait dû faire jaser si j'en crois l'écho qui avait fini par me revenir : je ne faisais qu'aboyer des ordres à mes parents forcément sur le qui-vive et incapables de me lâcher une seule seconde… Cela, aussi, a fait partie de la légende.

Francis, soi-disant, avait de plus en plus de mal à rester à sa place – plus coach que père. Maryse me surprotégeait… Mais pourquoi les parents dans le tennis, et pas seulement les miens, faisaient-ils peur ? J'appelle ça les conneries franco-françaises de la Fédération à l'époque. Des conneries monstrueuses ! Écarter les parents pour qu'ils ne dérangent pas… Dans mon histoire personnelle, j'ai toujours ressenti que la présence de mes parents posait problème. Et peut-être que leur faculté de « nuisance » était d'autant plus commentée que j'étais un élément phare à mettre en avant pour promouvoir le modèle français. Aujourd'hui, les choses ont changé. On était pourtant bien, ensemble.

Mon père m'accompagnait parfois en tournoi – pas toujours – et l'histoire a prouvé qu'il a su naturellement se détacher. Bien sûr qu'il était à mes côtés à la Copa del Sol en 1998, le championnat d'Europe minimes que je disputais avec deux ans d'avance, un benjamin d'à peine douze ans à côté de ceux qui commençaient à avoir de la moustache ! C'est d'ailleurs Dominique Poey, le capitaine de l'équipe de France de l'époque, qui l'avait autorisé à venir. Ma précocité a induit naturellement la présence parentale.

Mais à quinze ans, Francis m'a laissé à la Fédé avec Éric Winogradsky. Et s'il est revenu un temps, après mes dix-huit ans, il s'est vite effacé quand j'ai eu envie de voir autre chose.

On ne peut pas dire qu'au bord du court, mon père ait eu des comportements outranciers. Il regardait jouer son garçon, la belle histoire... Plutôt que de m'en causer, c'est d'ailleurs lui qui absorbait le stress. Un jour, dans les années 2009-2010, il avait profité d'un créneau qui se libérait pour une visite médicale à la Fédération, lui qui n'allait pratiquement jamais voir le médecin. Celui-ci, à la lecture de sa tension – pas loin de 20 ! – avait voulu l'hospitaliser sur-le-champ.

Ce n'est pas toujours simple de suivre la carrière de son enfant. Francis a géré ça comme il fallait.

Et, quand il était sollicité par les médias, je trouve qu'il a eu le bon ton : jamais polémique, jamais langue de bois. Il m'a parfois défendu, bien sûr, mais pas sacralisé. Et souvent avec la formule qui faisait mouche ! Au fond, que pouvait-on bien lui reprocher ?

Quant à Maryse, en quoi était-elle différente de la mère de Lleyton Hewitt quand cette dernière voyageait partout avec son fils ? C'était sa maman, elle le suivait, c'était normal. Et ça n'a pas empêché son fils d'être un « warrior » sur le court et de finir n° 1 mondial. Quid de Djokovic, porté par toute sa famille ? Et Nadal, suivi presque toute sa carrière par son oncle Toni ? Et Murray, avec sa mère ? Dans les tournois de jeunes, on pouvait voir dans les box les parents des compétiteurs étrangers. Mais à la Ligue de Paris, dès douze ans, la présence des parents des meilleurs joueuses et joueurs était interdite !

À la maison, il n'a jamais été question d'un projet familial comme il en existe dans certaines familles de l'Est qui partaient vivre ensemble à l'Académie Bollettieri en Floride pour suivre l'un des enfants. Chez nous, rien ne gravitait autour d'une quelconque ambition, il n'est jamais venu dans les discussions l'idée d'être n° 1 mondial, ou même vingtième. Bien au contraire. Nous sommes une famille simple. Simple dans le bon sens du terme. Pas expansive. Stable. On appréciait les bons moments, sachant que tout pouvait changer. On s'est toujours accrochés.

Mon père n'était pas du genre à dire : « Le petit, il fera mieux la prochaine fois. Le pauvre, il n'était pas bien aujourd'hui... » Un jour, minot, j'avais pleuré d'avoir perdu un premier set. Un caprice de gamin ; il y en avait forcément de temps en temps. Il m'avait sorti du court. Le soir d'un match perdu, on se parlait moins. Ce n'était pas la fête. L'ambiance était assez stricte à la maison, pas forcément complice. Dans la famille, on ne s'embrassait pas tout le temps. Il y avait beaucoup d'amour, mais sans les effusions. On ne se disait pas forcément les choses. Mes parents ne se sont jamais vantés, pas comme ceux qui embêtent tout le monde à ne parler que de leur gamin. Si mes parents ont été fiers de moi, ils l'ont gardé pour eux. Ils ne m'ont jamais mis sur un piédestal.

À l'exception des moments où je regardais des cassettes de matches de tennis et que je me disais : « tiens, ce serait sympa de jouer à Roland », on ne peut pas dire que je balisais un chemin vers les sommets. Je ne me suis jamais projeté. Mais j'avais explosé dès que j'étais né au tennis et le projet est venu à nous. C'est aussi simple que ça. C'est moi qui ai mis la pression parce que je jouais très bien, très tôt. Et mes parents se sont adaptés au rythme que je leur imposais, en fait. Du moins ils ont essayé. Selon moi, il est capital d'impliquer la structure familiale, il suffit d'ailleurs de voir ce qui se pratique chez les meilleurs. Heureusement, cette période idiote où les entraîneurs pensaient que les parents leur feraient de l'ombre semble terminée.

Mais les Gasquet suscitaient une incompréhension presque malsaine. Je suis devenu celui qui ne sortait pas du cocon, et mes parents, pourtant discrets et humbles, ont fini par être tenus responsables de bon nombre des problèmes que j'ai pu rencontrer.

À l'époque, la plupart des espoirs partaient seuls dès onze ou douze ans dans des Pôles fédéraux, comme celui de Poitiers. C'était la norme du moment. Et moi, à quinze ans, je suis monté à Paris avec Maryse et Francis. Ils n'avaient pas voulu me laisser seul, et je préférais aussi les avoir à mes côtés au moment de ce changement radical de vie. Je pense que la rumeur de surprotection est partie de là. On était à contre-courant. Genre : « Tu as vu, papa et maman sont venus avec lui… » Sans même essayer de comprendre. Sans savoir à quel point l'ambiance « club » dans laquelle j'avais évolué toute ma jeunesse comptait pour moi.

Oui, ma vie, ma carrière s'étaient construites à Sérignan où Francis avait su insuffler une ambiance forte. C'était un prof de club idéal, un excellent manageur et un super formateur. C'était son truc. Le Languedoc avait gagné le championnat de France des Ligues des moins de douze ans, à Blois. Pour une petite ligue, c'était assez fort. Et qui composait l'équipe ? Damien Missio, Rémi Teix, Richard Gasquet, tous les trois du petit village de Sérignan, 6 000 habitants, tous les trois entraînés par Francis. Je ne sais pas si on se rend compte de la performance... À l'époque, nous avons eu aussi une championne de France des moins de quatorze ans. Et quatre ou cinq joueurs ou joueuses qui sont allés dans des sports-études. C'est incroyable, la dynamique qu'il pouvait y avoir dans ce club.

Je peux le dire en plaisantant, mon père était nul en tennis (meilleur classement 15/1), avec une technique assez grotesque, apprise sur le tard. On ne peut pas toujours expliquer ce qui fait un bon enseignant. Je parlerais d'un *feeling*, d'une passion, d'un contexte, avec les choses qui s'imbriquent. Ce n'est pas toujours rationnel.

On travaillait beaucoup la technique, au panier. Francis faisait répéter des gammes, des coups droits, des revers et ainsi de suite. Rien d'extraordinaire, pas d'exercices particuliers, pas spécialement de physique, et pas de grands discours, il fallait simplement avoir un beau jeu. Chaque geste devait tendre vers la perfection. Il disait que tout s'articulait autour du plaisir, et que le plus grand était celui de ne pas se renier. On s'empêchait de dévier vers un jeu sécuritaire. Et comme Francis était un teigneux sur le court, sa principale qualité quand il jouait, il m'a appris à être combatif.

Contrairement à lui, qui était apprécié pour son petit côté chambreur du Sud, Maryse s'est montrée bien plus discrète. On peut compter sur les doigts d'une main les fois où elle s'est exprimée publiquement. Mais elle était là dans l'ombre, solide, sans esbroufe. Elle aussi a été professeure de tennis. Pour moi, c'est la colonne vertébrale de la « team » Gasquet. Présente en permanence, dans la gestion de tous les paramètres extra-sportifs. Elle est capitale dans l'organisation de la vie d'un champion de tennis, non pas dans le sens où elle s'immiscerait au cœur de ma vie quotidienne, mais parce qu'elle va me seconder dès l'instant où je peux avoir besoin d'une aide, notamment logistique et administrative. Et ça n'a pas de prix.

Elle ne connaît pas ce sport mieux qu'une autre, mais elle m'a tant vu jouer qu'elle connaît parfaitement mon tennis. Elle sait après quelques points si je me sens bien, ou non. Elle sent ces choses-là. On dirait qu'elle peut anticiper sur ce qui va se passer dans la rencontre. Son analyse sonne plutôt juste. Le temps d'une saison, il lui arrive de m'accompagner sur une dizaine de tournois. Et sa présence est un vrai plus.

J'ai souvent entendu qu'elle me protégeait. Mais Maryse, c'est un fort caractère ! Elle est juste, mais directe. Elle dit les choses, ne passe pas par quatre chemins. Et quand je perds, elle ne me ménage pas. Mais elle est étrangère à l'exubérance, dans les victoires comme dans les défaites. Nous sommes comme ça chez les Gasquet. Et je remercie chaleureusement mes parents pour cet îlot de stabilité qu'ils m'ont offert durant cette carrière parfois si houleuse.

2002, année de feu

J'ai dû me résoudre à quitter Sérignan, la plus belle époque de ma vie, l'insouciance. Chez les jeunes, j'avais tout remporté des compétitions les plus importantes que sont Auray ou Sainte-Geneviève-des-Bois. En demi-finale des Petits As, je gagnai mon match 6-0, 6-0. Du jamais vu. Parmi ceux de ma génération, seuls Nadal, aux Petits As, et Berdych, un Tchèque alors inconnu qui m'avait pris le premier set 6-1 à Sainte-Geneviève-des-Bois, avaient réussi à m'inquiéter. Il avait fallu attendre 1999, et le tournoi du Stade Français, pour qu'un joueur d'un an de plus que moi me batte : c'était le Taïwanais Wang, une petite star de l'époque entraînée dans une académie américaine. Je l'avais regardé jouer toute la semaine. « Mince, lui, je ne sais pas si je vais le battre », me disais-je intérieurement. Une pensée assez inhabituelle pour moi. Pierre Barthès, un ancien n° 1 français des années 1970 qui était proche de nous, m'avait rassuré lors d'un repas chez lui : « Tu vas gagner facile, tu es beaucoup plus fort ! » J'avais perdu en deux sets. Barthès était venu s'excuser, il avait mal pour moi : c'était ma première défaite d'envergure… J'avais été étonné de perdre contre un joueur né en 1985. Une rareté. Sans en être particulièrement fier, je constatais juste que j'étais plus fort que les autres, et je n'en pensais finalement pas grand-chose.

À l'époque, à Sérignan, je tournais en rond : pas assez d'émulation, pas assez de partenaires à mon niveau. Il fallait parcourir de longues distances pour faire des rencontres intéressantes mais limitées dans le temps. C'était le moment de trouver une structure plus « professionnelle ». En octobre 2001, après avoir évité des pôles comme celui Poitiers où la Fédération Française envoyait la plupart de ses meilleurs espoirs dès l'âge de douze ans, nous sommes donc montés à Paris, pour un grand voyage dans l'inconnu. On ne fanfaronnait pas ; on partait sans assurance.

Ce sont d'abord des gens du TCP (Tennis Club de Paris), un grand club formateur, et notamment Jean-Pierre Forgeot, qui nous ont aidés à prendre la décision avec mes parents. Concernant la Fédération Française, l'entraîneur Éric Winogradsky nous avait dit : « J'ai un groupe de trois joueurs, je peux intégrer un quatrième... » Bref, je n'arrivais pas en terrain conquis.

Grâce à Pierre Barthès, nous avons migré dans un petit appartement du XVIe arrondissement, avec une seule chambre que j'avais le luxe d'occuper tandis que mes parents dormaient dans le salon. Mais la transition, en fin de compte, restait relativement douce. Avec les rugbymen du Stade français qui s'entraînaient à côté et le Parc des Princes où l'on allait voir quelques matches à deux pas, je retrouvais presque la proximité des stades de mon enfance. Au départ, Francis et moi avions pu aller au Parc grâce une connaissance, un garçon d'environ vingt-cinq ans, qui disposait de trois places et que j'avais connu dans des circonstances assez particulières. Quand on vivait à Sérignan, il avait trouvé notre numéro de téléphone dans l'annuaire, et, sans doute intéressé par ce qu'il avait lu sur moi, il m'appelait à la maison environ tous les deux mois, pour prendre des nouvelles. Mes parents me laissaient parler à cet inconnu : on n'avait peur de rien à l'époque. Et puis, ça nous avait permis d'aller au Parc !

Bref, c'était Paris, sans être trop Paris. Mon père, qui ne pouvait plus être l'éducateur de Sérignan, s'occupait à la mairie de Paris de la mise en place d'un programme sportif pour les quartiers difficiles – où il m'emmenait parfois, sûrement pour ne pas que j'oublie certaines réalités.

J'avais donc intégré, pour la première fois, une cellule fédérale au Centre National d'Entraînement (CNE) du stade de Roland-Garros, avec trois autres joueurs : Augustin Gensse, Charles Roche et Édouard Roger-Vasselin, sous le contrôle du coach Éric Winogradsky. C'était l'occasion aussi d'entrer dans le cercle des meilleurs joueurs français et de profiter des meilleures préparations physiques. J'étais venu à Paris chercher cette émulation et cette motivation que ne m'apportaient normalement que les stages durant les vacances. Évidemment, parfois, il m'arrivait de ne pas pouvoir – ou de ne pas vouloir – donner le meilleur de moi-même… Un jour à Poitiers, dans la forêt qui borde le pôle où sont accueillis quelques-uns des meilleurs espoirs, j'étais associé à Nicolas Mahut dans un parcours à pied et à vélo, où l'on devait retrouver des balises selon certaines indications. Sur la vingtaine, nous n'en avions rapporté que deux, car nous nous étions trompés d'échelle sur le plan, et étions restés bloqués sur le mauvais périmètre. Il nous arrive encore de parler de cette mésaventure qui nous avait valu pas mal de moqueries…

L'ambiance était bonne dans l'ensemble, à l'entraînement, avec les autres joueurs, on aimait bien chambrer Édouard Roger-Vasselin qui nous énervait avec ses coups heureux et ses « let » incessants. Je ne me rappelle plus s'il en faisait effectivement beaucoup ; en tout cas, nous le lui rappelions toutes les deux secondes, en hurlant qu'il avait de la chance, comme une sorte de gimmick. Je dis « chance », mais le vrai mot était celui qui a rendu Benoît Paire célèbre. Cela relevait d'une gentille obsession chez nous tous, et puis, j'ose à peine l'écrire… Édouard avait vraiment de la « chatte ».

Et nous voilà tous deux en mars 2002 à Barcelone, dans ce qui s'appelait alors un circuit Satellites, l'équivalent de la 3e division du circuit, qui comprenait quatre étapes sur un mois avec, pour chacun, quatre tours de qualifications et cinq matches pour gagner, avant de disputer un éventuel Masters et de boucler le Tour. C'était une jungle, peuplée de beaucoup de golgoths poilus, de plus de vingt ans, bâtis pour résister à tout sur la terre battue espagnole. Ma mère qui m'accompagnait avait même pris peur de me voir ainsi partir à la lutte face à tous ces gaillards qui semblaient jouer leur vie pour gagner des places au classement et – pourquoi pas – une place au soleil.

Après les qualifications, c'est Édouard qui m'a fait face. Pas un golgoth. Juste un partenaire d'entraînement, une nouvelle fois aidé d'un let au retour de service dans le troisième set de notre match, à un moment important où il prenait l'avantage pour mener 4-2. Je n'arrive toujours pas à me l'expliquer aujourd'hui, mais ce nouveau coup du sort m'a plongé dans une colère irraisonnée. Je revois encore le film : j'explose totalement, et quitte le court en plein match. J'abandonne. Je craque, je ne supporte pas de perdre contre lui, je ne vois plus chez Édouard – pourtant un ami – que son coup de chance. Grotesque, insensé. J'ai envie de quitter Barcelone.

Tout de suite après cet abandon, le juge-arbitre vient me voir ; j'ai peur, car je risque une disqualification. Mais mon jeune âge me sauve : « C'est la dernière fois, me dit-il. Je te passe cette incartade parce que tu n'as que 15 ans. » C'est le déclic, que dis-je ? le destin. Car je colmate la fissure et prends enfin conscience de la chance que j'ai entre les mains. Cette histoire me donne un coup de fouet et je ne perds quasiment plus durant toute cette tournée Satellites, au terme de laquelle je finis par gagner le Masters avec dix-huit victoires en vingt et un matches. Cela me permet d'obtenir, dans la foulée, une invitation pour le tournoi de Monaco – de la jungle à la lumière de la Riviera, dans le luxueux cadre de ce Country Club étagé face à la mer. Pour mon premier tournoi sur le circuit principal, je tente ma chance dans un Masters 1000, la catégorie la plus forte de l'ATP.

Pour moi, Monaco représentait surtout la sortie loisir principale de l'année. Nous partions en voiture avec mon père pour voir le tournoi en spectateurs ; mon seul privilège était d'avoir un agent

IMG qui allait demander des autographes pour moi dans le vestiaire des champions.

Je débarque là-bas sans émoi, avec Édouard qui est, de son côté, venu s'entraîner. Avec mon père, nous croisons Louis Borfiga, qui dirige alors la section tennis de l'Insep et qui nous dit : « Richard va gagner son premier match. » Et Francis lui répond : « Tu es gentil, Luigi, tu me fais plaisir. Mais bon, faut pas pousser ! »

En fait, Luigi a raison. Je suis insouciant, mais en confiance et surtout heureux de découvrir les visages de monstres sacrés tels que Safin ou Roddick. Durant les qualifications, je massacre Nikolay Davydenko 6-1, 6-1, en début de soirée sous la pluie, et j'élimine en deux sets Adrian Voinea, 27 ans, avant de me hisser dans le tableau principal. C'est le schéma du tennis. Quand tu gagnes, gagnes, gagnes, tout est très clair. Il s'avère que j'avais énormément gagné de matches depuis plusieurs mois. Les qualifications ne sont qu'un apéritif et prennent place le week-end avant que ne débute le tournoi. Personne n'y prête vraiment attention puisqu'un anonymat relatif accompagne souvent ces lancements.

Nikolay Davydenko pointe pourtant à la 84e place mondiale. Et, s'il n'émane pas d'Adrian Voinea (65e mondial) une grande fantaisie, on peut dire sans se tromper qu'il fait partie des gars très sérieux du circuit. Mon père est ébahi par ce qui arrive. On ne parle pas beaucoup des matches avant, il me dit simplement de « faire pour le mieux » – et il semble surtout avoir peur que je me fasse « désosser ». Personnellement, je ne ressens rien de cette crainte. J'avais tellement confiance… Je franchissais une étape et sans m'en apercevoir, je hissais le curseur.

Pour le match du premier du tour contre Franco Squillari, *idem*. J'aborde donc mes grands débuts sur le circuit principal sans appréhension. Autour du terrain, il y a plus de monde déjà que les jours précédents : on joue sur le Central, et je pourrais être impressionné mais j'ai l'habitude du regard venu des tribunes. À Tarbes, en finale des Petits As, ils étaient déjà près de trois mille en tribunes. Le niveau ne me surprend pas vraiment non plus. Je vois tout de suite que je suis dans la course, et je gagne 7-5 au 3e set après que Squillari a raté une amortie sur la balle de match. Évidemment, c'est une grosse perf. Énorme même, pour être honnête. Je suis alors 589e mondial après avoir gagné plus de cinq cents places grâce à mon parcours dans le circuit Satellites espagnol – tandis que Squillari, qui avait atteint la 11e place mondiale, était parvenu notamment en demi-finale de Roland-Garros deux ans auparavant. Un vieux briscard. Pour les spectateurs de l'époque et les commentateurs d'aujourd'hui, cette victoire laisse une trace indélébile sur mon parcours : je deviens alors le plus jeune joueur de l'histoire à gagner un match en Masters 1 000.

Mais sur le coup, ça ne me marque pas. Une fois le match fini, je lève à peine le bras. Parce que neuf mois avant, j'étais encore en train de jouer au foot avec les copains. Parce qu'avec ma timidité, je suis incapable de sauter de joie, ou de faire le tour du stade. Parce que je suis simplement baigné d'une joie simple, celle d'être là sans fantasmer la suite. Une nouvelle fois, ce sont les autres qui ont déterminé la valeur et la dimension de cet instant. Pourtant, j'ai tout de suite compris que ce match allait être une déflagration. La première chose que je me suis dite le soir venu, c'est : « Ouh la la, ça fait du bruit ! » Mon père regrettera plus tard de ne pas avoir pris la parole à ce moment-là, pour rappeler que, malgré l'impression de facilité qui avait sublimé ce moment de légèreté, tout cela n'allait pas de soi, que la victoire n'est jamais une évidence et pour demander de l'indulgence envers une suite qui serait forcément moins « immaculée ». Le lendemain matin, un mardi, j'ai envie d'aller avec lui à Cap d'Ail, juste à côté de Monaco, parce qu'un tournoi pour jeunes que j'avais gagné l'année précédente s'y déroule. Comme un voyage initiatique, une irréelle transition entre le monde des enfants qui était encore le mien, et cette intrusion à grand vacarme dans celui des adultes.

Mais, dès notre retour en début d'après-midi pour l'entraînement au Country Club, quelque chose a complètement changé. Du monde s'amasse autour du court pour me voir… Pareil dans les vestiaires aussi. Je me souviens encore du regard de Juan Carlos Ferrero, qui allait gagner Roland-Garros l'année suivante. Il me regarde comme si j'étais un mutant. Moi, le petit Richard. Andy Roddick, pareil, pas un mot. Mais leurs yeux sont fixés sur moi. Moi, l'enfant. Qu'est que je pouvais leur dire ? Je n'avais pas du tout envie de faire le mariole. Je me suis mis dans un coin, tête baissée, et je me suis tu.

Je n'étais pas à mon aise dans ce vestiaire, je ne m'y sentais pas à ma place. Heureusement, je connaissais Émile Petit, considéré à l'époque comme le meilleur Français de la génération 84. Il habitait Monaco et m'avait donné le code du vestiaire des membres du Country Club, situé en hauteur, au niveau des restaurants, tandis que celui des pros était au sous-sol. Je partais là-haut avec mon vieux sac Lacoste et j'attendais mon match, caché là-bas au milieu des élégants casiers en bois individuels.

Le match qui a suivi reste l'un des plus grands moments de ma carrière. Là, oui, bien sûr, rien à voir avec ce succès contre Squillari qui m'avait laissé de marbre. J'affrontais le grand Marat Safin ! Une attitude de rock star, du charisme, la posture du vainqueur de l'US Open. Safin, quoi ! C'était celui avec qui il se passait toujours quelque chose. Tu aimes le tennis, tu as encore des yeux d'enfant, et tu attends à côté de Marat avant d'entrer sur le court pour un deuxième tour à Monaco. Facile de comprendre ce que je ressens ! On me demande souvent : quel est mon plus grand match ? C'est une question très difficile, mais je pense vraiment que cette rencontre contre Safin va rester comme le plus grand moment de ma carrière. Il était arrivé au stade en Mercedes, avec son grand sac Adidas, et je l'avais suivi avec mes yeux de gosse de Sérignan. Je me disais : « Quelle chance folle tu as ! » Dans le couloir avant d'entrer, puis pendant le match, j'ai vécu un moment d'émotion inimaginable pour un ado, contre l'idole de notre génération sur le plus beau court du monde, c'était comme si j'étais sur ma PlayStation. Marat n'avait pas essayé de m'impressionner, et de toute façon je ne parlais pas un mot d'anglais. C'est même lui qui m'avait semblé tendu sur le terrain : il ne voulait surtout pas perdre contre quelqu'un de mon âge. J'ai tenu le premier set, et puis j'ai craqué. Défaite 6-4, 6-1. Trop d'émotions sans doute. Le lendemain soir, avec mon meilleur ami Jérémy Gonzales, on était allés comme deux garnements à la soirée des joueurs, ce dîner-spectacle autour des membres de la famille princière aux atours très VIP, organisé dans la Salle des Étoiles du Sporting

Monte-Carlo. Soirée sans alcool, et sans permission de minuit, pour nous : il n'y avait aucune raison de s'enflammer.

Pour finir de me dégriser, j'enchaîne d'ailleurs la semaine qui suit avec James Nelson pour un tournoi Futures de troisième catégorie, à Bournemouth en Angleterre – passant ainsi de la Riviera à des chantiers obscurs. Nelson, 758e mondial, juste après Safin, 6e meilleur joueur de la planète… ! Je gagne mon premier titre chez les pros, et le deuxième dans la foulée à Arnsberg-Neheim, en Allemagne, en ne concédant qu'un seul set dans les deux tournois. Le plus important était finalement ailleurs. À Bournemouth, je reçois un jour sur mon portable un appel pas tout à fait comme les autres : à l'autre bout du fil, le président de la Fédération, Christian Bîmes, est en ligne directe avec le petit gars de Sérignan. Il m'annonce qu'il me donne la *wild-card*, une invitation pour Roland-Garros. Comme ça, entre lui et moi. Irréel ! Habituellement, il y a toute une procédure dans l'attribution de ces invitations, très demandées et secrètement espérées par ceux qui n'ont pas pu se qualifier pour le grand tableau. Aujourd'hui, il faut créer son identifiant, son code, faire une demande officielle qui transite par la Direction technique nationale, avec, en toute fin de procédure, le président. Dans mon cas, la ligne avait été beaucoup plus directe. Et j'ai dit poliment : « Merci, président. »

Voilà. J'avais le sésame pour ma première participation au Grand Chelem de la porte d'Auteuil. Le moins que l'on puisse dire, c'est que je ne suis pas arrivé dans l'anonymat. La presse parlait de mon potentiel commercial en évoquant dans de pleines pages les marques qui avaient signé avec moi. Émile Petit m'avait appelé : « T'as vu ça. Tu vaux déjà beaucoup d'argent ! » J'étais très gêné. Il y avait notamment ce logo « PlayStation » sur ma manche, dont je ne voulais absolument pas. J'avais dit à ma mère au moment de la signature du contrat : « Je ne veux pas, je ne veux rien du tout ! » Peut-être était-ce une manière de me distinguer ? Je n'avais évidemment pas les épaules assez fortes pour supporter ce genre de choses. Pourtant, le logo était resté sur ma manche : *business is business.*

On m'avait également invité chez Michel Drucker, lors d'une émission avec Jean Dujardin. Je ne peux pas dire que j'y étais vraiment à l'aise. Euphémisme ! J'étais encore cet ado un peu boutonneux qui avait les mains en sang à cause des effets secondaires du Roaccutane que je prenais contre l'acné – médicament qui serait plus tard interdit car il favorisait l'état dépressif chez les jeunes. J'étais celui qui, avec son copain Jérémy, passait dix heures par jour à jouer sur l'ordinateur à un jeu de rôles, *Heroes*... Chose que les journalistes ne manqueraient pas de détailler non plus. Cela aussi m'avait paru étrange et décalé. Quel intérêt d'exposer à tout le monde ma pratique de ce jeu où il fallait construire des châteaux et développer des personnages de héros ?

Le matin du match, après une nouvelle soirée de console, je m'étais échauffé avec Cédric Pioline, tout proche de la fin de sa carrière. C'était la première fois que je le voyais et j'étais content d'avoir en face de moi un joueur que j'avais applaudi trois ans avant en Coupe Davis à Nîmes. Le tirage au sort m'avait réservé l'Espagnol Albert Costa, 22e mondial. Bon, tant qu'à faire... j'aurais préféré Pete Sampras ! Au début, mon adversaire est tétanisé : 4-0 pour moi. Mais il y a des limites au conte de fées. Il pleut ; le match est interrompu deux fois. Costa m'a eu à l'expérience, j'avais peu de chance sur un match au meilleur des trois manches, mon tout premier (3-6, 6-0, 6-4, 6-3). J'étais un peu cuit sur la fin. Mais bon, j'avais joué quatre sets contre le futur vainqueur... Le match s'était terminé sur le court Suzanne-Lenglen presque vide, mais j'avais assuré. Le titre junior que j'ai gagné plus tard cette même année ? Sincèrement ? Aucun souvenir. Je m'en moquais complètement. Le soir de ma victoire, je n'y pensais déjà plus. Les dernières semaines, j'avais joué contre Safin et Costa, alors les juniors...

L'époque était un peu particulière : j'enchaînais les tournois du grand circuit – celui sur gazon du Queen's pour lequel j'avais reçu une nouvelle *wild-card* le surlendemain de mon titre en juniors – et les tournois Challengers de deuxième catégorie, durant lesquels j'ai remporté mon premier titre à Montauban pour monter en grade (sans perdre un set), une finale à Tampere en Finlande, et les compétitions de jeunes avec la Coupe Galéa, la Coupe d'Europe des moins de 18 ans. Cet été-là, en août, j'avais d'ailleurs perdu contre le Tchèque Tomáš Berdych, qui se révélera plus tard un grand champion – j'avais mené 5-2 avant de m'effondrer. Je craquais de fatigue, en fait. J'avais disputé plus de vingt matches depuis Monaco en avril, dans un vrai parcours de pro aguerri, alors que je n'étais finalement qu'en formation.

Après cette défaite, de rage, j'avais cassé une vitre avec mon poing, miraculeusement sans me blesser. Mon père m'avait passé un de ces savons ! Mais, surtout, le capitaine de l'équipe de France, Olivier Soulès, n'était pas content de ma prestation. Il avait gueulé assez fort... Je me souviens avoir eu l'impression qu'il suranalysait une faiblesse supposée chez moi. Plus tard, je lirais qu'il pensait que j'aurais pu m'éclater dix fois plus sur un terrain. Qu'il avait l'impression qu'il y avait quelque chose en moi qu'on ne pouvait pas expliquer, simplement parce que j'avais eu le malheur de décrocher. Mais avec tout ce que j'avais vécu ces derniers mois, tout ce que j'avais expérimenté, tout ce que j'avais gagné... il aurait quand même pu essayer de comprendre, de tempérer. Mais les gens n'ont jamais rien compris. Mes succès précoces ont fini par me desservir, en alimentant le désamour. Et ça, je l'ai très vite saisi.

Mon Nadal à moi

C'est magnifique d'avoir été, pendant un petit moment, comparé à Rafael Nadal, l'un des plus grands sportifs de l'histoire. Au fond, je le prends comme un immense compliment. Mais comme cela m'a fait du mal ! Il n'est pas agréable d'évoquer certains souvenirs avec lui, et Dieu sait combien je l'apprécie. Mais l'histoire qu'on a voulu raconter à travers nos deux parcours, cette légende commune née d'une comparaison dès l'enfance, a rapidement travesti la réalité. Rafa est devenu un monstre, et j'aurais dû être son égal parce que je l'avais battu chez les jeunes. Pire encore : à la lumière de cette victoire, ma carrière aurait été un échec parce que je n'ai été « que » septième mondial. Encore aujourd'hui, je croise des gens qui me demandent : « Mais tu étais beaucoup plus fort que Nadal, non ? » Cela fait près de vingt ans que j'entends cela. Si seulement il existait un compteur enregistrant le nombre de fois où j'ai entendu cette question, que l'on se rende compte à quel point cela a pu me hanter !

Oui, à douze ans je l'ai battu. Non, je n'étais pas si supérieur ; j'aurais tout aussi bien pu perdre. J'aurais peut-être mieux fait, d'ailleurs. En février 1999, lors des Petits As de Tarbes, l'officieux championnat du monde des moins de 14 ans, je vois Nadal pour la première fois. C'est moi la « star » : je suis à domicile, tête de série n° 1 et favori du tournoi malgré mes deux ans d'avance. Mais j'ai entendu parler d'un Espagnol qui a douze ans comme moi – et nos quinze jours d'écart m'interpellent. À l'adolescence, une rivalité s'installe forcément entre ceux de la même classe d'âge. Nous finissons par nous retrouver en quart de finale.

Le matin du match, je me réveille comme tous les jours à cinq heures du matin, et, pour éviter de tourner en rond dans la chambre, nous arrivons dès 8 h 30 avec mon père au Parc des Expositions de Tarbes ; une longue journée à traîner, puisque la rencontre ne démarre qu'en début de soirée.

Je découvre mon adversaire sur le court. Nadal ? Presque fluet. Il court beaucoup. Volontaire. Une très bonne attitude. Un coup droit solide. Mais un jeu moins abouti que le mien. Est-ce qu'on peut voir en lui quelqu'un qui va gagner Roland-Garros ? Non. Je finis par l'emporter 6-4 au troisième set, en alignant deux coups droits long de ligne sur la balle de match. Sur le moment, je n'ai pas le sentiment que je viens de lester ma carrière d'un lourd fardeau. 6-4 dans le dernier set, c'est serré… !

Mais la légende a voulu que je devienne celui qui a terrassé Nadal. Je savais bien que ça ne voulait rien dire, que ce genre de victoires chez les jeunes n'avait absolument aucune signification. Mais la vidéo a fini par ressurgir des années plus tard sur YouTube et Facebook ; quelques courtes minutes d'un résumé qui a tout compliqué. Des millions de gens ont vu et revu ce moment après-coup et l'ont transposé en s'étonnant : « Mais, Nadal, tu l'as battu… » Plus les années passent et plus j'ai du mal à entendre cette phrase. Ce match m'a tué. A-t-on autant rappelé à Éric Prodon qu'il avait un jour battu Roger Federer ?

Les mois qui suivent, on se renifle avec Rafa. Je le recroise lors d'un championnat de jeunes par équipe, en Allemagne, qui se disputait sur moquette. Il avait proposé que tous ensemble, nous fassions un match de foot. En le voyant se démener sur le terrain, je me souviens avoir pensé : « Il a beaucoup d'énergie, celui-là ! » Bien senti… À cette époque, nous avons encore des destins autonomes. C'est au printemps 2002 que l'on commence vraiment à nous comparer.

À quelques jours d'écart, nous gagnons tous les deux, à quinze ans, notre premier match sur le circuit professionnel : lui à domicile, à Palma, en battant Ramón Delgado, et moi à Monaco, face à Franco Squillari. On joue dans la même catégorie en termes de précocité ; mais les médias parlent beaucoup plus de moi. Les superlatifs s'entrechoquent autour du petit Prince de Monaco, tandis que Rafa joue peinard sur son île.

J'en ai parlé une fois avec son oncle Toni, qui m'a raconté combien ils avaient apprécié de travailler dans l'ombre, dans leur coin, sans pression. Nadal était tout sauf une star. Sur l'île, il cohabitait avec Carlos Moyà, vainqueur d'un titre du Grand Chelem. Même dans son petit périmètre, on le prenait pour un simple espoir qui avait encore tout à prouver. En Espagne, on ne comptait plus les vainqueurs de Roland-Garros, entre les Costa, Bruguera, Ferrero... On s'en moquait, de Nadal ! Il n'y avait pas de ce genre de fédération centralisée qu'on a en France, la grosse machine qui cherche à faire briller la moindre pépite pour valoriser le modèle. Dans l'attente fébrile d'un successeur de Noah depuis sa victoire à Roland-Garros en 1983, on m'a jeté dans la lumière. On parlait dix fois plus de moi, mais je n'étais pas dix fois plus fort. Sans m'exonérer de rien, j'aurais bien aimé être à la place de Nadal, vivre à Sérignan comme il a vécu à Majorque, continuer de me nourrir de choses simples, dans des rapports normaux. Nadal a toujours eu sa base de repli dans son cocon de Manacor, entouré de ses amis, pour pêcher ou vivre tranquillement quand le circuit lui offrait un peu de repos, tandis que j'ai l'impression d'avoir été très vite déraciné. Sur le court, à cette époque j'étais encore un peu plus fort que lui, juste un peu plus fort.... En septembre 2003 à Saint-Jean-de-Luz, pour le compte d'un tournoi Challenger, on se retrouve pour la deuxième fois, quatre ans après les Petits As ; et je le bats. En tout cas, il abandonne après le premier set, qu'il a perdu 6-2, perturbé par une gêne aux adducteurs – après m'avoir fait patienter sept minutes sur la balle de set pour se soigner. La deuxième chaîne de la télévision française était descendue sur place pour couvrir l'événement, qui n'en était pas forcément un, puisque c'était un deuxième tour d'un tournoi de deuxième catégorie, dans une salle basse de plafond, sans recul et sur un revêtement extrêmement rapide, façon surface de salle de bains. Mais j'avais joué sur un nuage en distribuant le jeu à ma guise. À l'échauffement, on avait essayé de s'impressionner en frappant comme des sourds ; il portait déjà un haut sans manches, et j'avais marqué un point dans la guéguerre d'intimidation. Cela m'avait fait du bien de gagner cette rencontre, à une époque où je commençais à douter. Et j'avais senti qu'a contrario, ça lui avait fichu le bourdon d'être éliminé. Mais… ce fut ma dernière victoire contre lui. C'est dur de l'écrire aussi brutalement, mais c'est ainsi. Depuis cette date, il m'a toujours battu sur le circuit principal. Dix-sept matches, dix-sept défaites. Pour trouver la trace d'un set que je lui ai pris – *un* set ! – il faut remonter au mois d'août 2008, en quart de finale du Masters 1 000 de Toronto.

Ces statistiques ne m'amusent pas du tout. Il y a peu de confrontations entre nous dont je me souvienne avec plaisir. C'est très démoralisant. Imaginez comme c'est dur d'arriver plein de peps en *night session* en demi-finale 2013 de l'US Open devant 15 000 personnes, gonflé par une victoire au tour précédent contre une de mes bêtes noires, David Ferrer, en me disant « celle-là, elle est pour moi » et de m'incliner comme chaque fois 6-4, 7-6, 6-2. Dès 2003, la grande légende qu'on avait imaginée sur les jumeaux du tennis a donc pris fin.

Elle avait d'abord pris les traits d'une comparaison forcée. En rembobinant jusqu'au tournoi d'Estoril en avril 2004, Rafa campait déjà à la perfection celui qui ne renonce jamais, même lorsqu'il a très, très mal. Au début de la troisième manche, il s'était mis à souffrir d'une fracture de fatigue au pied qui allait l'éloigner quelques semaines du circuit, et lui faire rater son premier Roland-Garros. Mais il s'était surpassé dans la douleur pour m'éliminer, avant d'être forfait pour le lendemain – il ne voulait pas abandonner une deuxième fois contre moi après notre dernière rencontre à Saint-Jean-de-Luz. C'est dire si je devais quand même représenter quelque chose pour lui...

Tout à coup, après Estoril, je n'étais plus le n° 1 de notre catégorie d'âge. Il s'envolait, et je stagnais pour la première fois de ma carrière au cours d'une saison difficile pour moi. Je le voyais gagner devant moi le Challenger d'Aix-en-Provence, où j'avais été éliminé au 1er tour. Bien sûr, je faisais encore le match avec lui dans ma tête. Mais quand je le voyais à la télé, durant l'été, rendre la vie dure à Hewitt (alors 10e mondial) – lassé de tout, j'avais renoncé à faire la tournée américaine –, je me rendis à l'évidence : j'avais perdu la partie. Il finirait cette année en gagnant la Coupe Davis avec l'Espagne à Séville, grâce, notamment, à son succès épique contre Roddick, n° 2 mondial.

Chaque fois que je le revoyais, tous les trois ou quatre mois, je sentais que ce n'était plus le même. Il devenait beaucoup plus puissant, plus présent sur le court. Sa balle partait plus vite. Les progrès, énormes, étaient tout aussi techniques que physiques. Une comète ! En demi-finale à Monaco en avril 2005 – le fameux tournoi où je bats Roger Federer au tour précédent –, Rafa ne me fait bizarrement pas peur. Je rentre sur le court avec la certitude d'avoir une chance de gagner contre lui. L'effet « Rodgeur »... Je livre d'ailleurs l'un des plus grands matches de ma carrière. J'ai ce jour-là cette capacité à générer des attaques de partout, en force ou en douceur, qui le mettent souvent loin de la balle ; je n'oublierai jamais cette sensation du bras qui part aussi vite. Je mène 7-6, 2-0, frappe un revers trop mou qui aurait pu me permettre de mener 3-1, mais je n'ai plus assez de jus pour faire mouche après des semaines très chargées en matches. Lui remet des balles évidemment impossibles, qui conduisent à mon inexorable effritement. Je perds 6-7, 6-4, 6-3. C'est un match qui, encore aujourd'hui, me booste et me fait du mal. La frustration a parfois noyé un festival de points incroyables.

Trois mois plus tard, à Roland-Garros, pour le troisième tour, il faisait 33 degrés. Tout comme la chaleur, la pression était remontée d'un cran. Tout le monde avait les yeux rivés sur ce choc des jeunes loups, sitôt connu le tirage au sort. On me voyait gagner parce que j'avais enchaîné, après Monaco, avec une finale au Masters 1 000 de Hambourg. Lui aimantait aussi l'attention, parce qu'on se doutait bien – sans pouvoir prévoir évidemment qu'il allait empiler tous ces trophées –, qu'on tenait un prodige. Ce fut une correction. 1 h 49 de jeu pour un sec 6-4, 6-3, 6-2. Avec cette grosse chaleur, sa balle giclait ; elle me remontait à dix mètres de l'épaule par tous les côtés. J'ai senti que ce n'était plus le même joueur qu'à Monaco. Je n'ai pas existé, sauf le temps d'une petite enfilade de revers fulgurants, qui m'a fait sourire. Il était tout simplement trop fort. C'est marrant, pourtant : on m'a raconté plus tard qu'à la découverte du tirage qui programmait notre « derby » au troisième tour, Rafa avait émis quelques signes de nervosité : il n'avait pas voulu se soumettre aux manifestations d'avant-tournoi requises par les sponsors, tendu qu'il était. Il n'y avait pas de quoi s'en faire... Dès la sortie du court, je l'ai dit à mon père et à Éric Deblicker, mon coach : « C'est fini, le mec va être monstrueux. C'est injouable. Il va gagner le tournoi. » Je ne me suis pas trompé. Quelques jours plus tard, il soulevait le premier trophée d'une très grosse collection. J'avais regardé sa finale face à Puerta depuis Londres, où j'étais parti pour aller disputer le tournoi du Queen's. Je dois avouer que cela m'avait fait du mal de le voir triompher, alors que j'étais assis dans le salon des joueurs. Je m'étais dit : « Bon, ben, c'est fait. C'est lui qui aura gagné un titre du Grand Chelem en premier... »

Notre rivalité était maintenant une pièce de musée. Une seule fois, il sera parvenu quand même à me faire du bien sur le terrain. Mais par adversaire interposé. En novembre 2007 à Bercy, alors que j'ai assuré ma part du travail en battant

Murray en quart de finale, il me manque encore une victoire en demie de Nadal face à Baghdatís pour éliminer ce dernier de la course au Masters et assurer mon accession directe au tournoi des Maîtres. Et je dois reconnaître que le samedi, j'ai davantage regardé ce match-là dans le Salon des joueurs que je n'ai songé à me préparer pour ma propre demi-finale contre Nalbandian. Je me vois encore parler à Nadal via le poste de télévision… « Dis donc Rafa, tu ne pourrais pas lui jouer un peu long, ce coup droit, à Baghda ? » car c'est le Chypriote qui avait la main sur le match, menant 6-4, 2-0 sur cette surface *indoor* qui n'a jamais été la préférée de Nadal. Mais celui-ci arrivera quand même à renverser la tendance. Jamais sa fureur de vaincre ne m'aura fait autant plaisir… Et à la fin du match, je suis tombé dans les bras de mon coach, Éric Deblicker, comme si j'avais moi-même gagné. Merci Rafa !

En tout cas, nos rapports sont toujours restés cordiaux. En 2009, cela m'avait apporté beaucoup de réconfort quand, après m'avoir envoyé un message, il s'était exprimé dans la presse pour me défendre dans cette histoire de contrôle positif à la cocaïne. Il a été le premier à parler, courant le risque de nuire à son image. Son entourage n'était pas d'accord pour qu'il s'expose ainsi ; mais il l'a fait et je l'ai pris pour une belle marque d'amitié. « Je suis convaincu que Richard n'a absolument rien consommé de tel. C'est un très bon ami, j'en ai parlé avec lui la semaine dernière. Vous savez très bien comment va le monde aujourd'hui... Si un jour, on va à une fête, il peut se produire n'importe quelle bêtise, on embrasse une fille qui en a pris, n'importe quoi peut arriver et c'est la réalité. Finalement, une vie de sportif peut être détruite pour une telle broutille. Je trouve que c'est complètement injuste ! Je veux l'assurer de tout mon soutien. Je le lui ai déjà dit par téléphone. Il y a parfois des mesures qui sont excessives et très injustes. » Son message m'avait touché. Il avait également fait beaucoup de bien à mes parents. Quelques mois plus tard, quand j'avais été autorisé à rejouer, le tirage au sort m'avait opposé à Rafa au premier tour de l'US Open et j'avais été content de tomber sur lui. En face, ce jour-là, ce n'était pas un adversaire, mais un ami. Je tapais des coups sur le court, avec lui. J'avais envie de lui dire merci – merci d'avoir été là. Plus tard, quand j'allais atteindre la demi-finale à Flushing Meadows, là oui, j'en avais reçu, des messages ! Mais lui avait été présent au pire moment. Il m'avait fait du bien, quand ça comptait, avec des mots qui ont été des bulles d'oxygène m'aidant à surmonter cette épreuve.

À la fin de l'année 2014, j'avais eu l'occasion de le côtoyer d'un peu plus près en me rendant dans sa base d'entraînement à Manacor, pour le stage de reprise hivernale dans cette filière espagnole privilégiée par mon entraîneur de l'époque, Sergi Bruguera. *Côtoyer*, c'est un bien grand mot ! Rafa venait me chercher à l'hôtel le matin pour qu'on parte s'entraîner ; mais nous n'avions pas tant de temps pour nous voir durant ces quelques jours... Il ne s'arrêtait jamais. En fin de journée, il partait dans la foulée prendre l'avion pour Barcelone dans le cadre d'une promotion, il revenait le matin, on jouait, il se reposait une heure, on rejouait, il repartait. Une dépense d'énergie folle, qui ne l'empêchait pas de taper comme un bœuf pendant deux heures sur le court. Hors norme.

Comment se comparer à lui ? Même quand il joue au golf, il y met une énergie hors du commun. Dans les vestiaires avant un match, il ferait presque peur. C'est la personne la plus concentrée que j'aie jamais vue. Une concentration extrême, que l'on peut sentir dans cette manière de se coiffer, presque cheveu après cheveu, tout en mettant son bandeau. On dirait Dragon Ball qui part au combat... ! C'est cette intensité qui m'impressionne – sa force brute. Rafa a tout de suite été exceptionnel pour ça ; et son oncle Toni a su manœuvrer pour faire fructifier son talent. C'est un mec dur, Toni. Il l'a façonné, discipliné. Les deux se sont bien rencontrés.

En dehors de nos matches – pendant lesquels j'y ai été directement confronté –, j'ai un souvenir très particulier de cette intensité. En septembre 2011, on jouait à Cordoue face à l'Espagne en Coupe Davis. Nadal était arrivé bien après tout le monde, puisqu'il avait disputé le lundi contre Djokovic la finale de l'US Open décalée à cause de la pluie. Il avait pris un avion privé pour débarquer le mardi, lesté de la fatigue physique et nerveuse d'une finale qu'il avait terminée avec des crampes – sans compter le décalage horaire à gérer. Les matches démarraient dès le vendredi. Le mardi soir, tandis que nous rentrions à l'hôtel après le dîner, nous avions vu les Espagnols partir au restaurant après 23 heures ; le mercredi matin, à 8 h 30, nous les entendions déjà, Nadal en tête, hurler sur le court pendant des sets d'entraînement. Gilles Simon leur avait demandé : « Et vous dormez, parfois ? » Rafa n'avait pas appuyé sur le bouton *pause* une seule minute. Et de notre côté, psychologiquement, nous avions déjà perdu la rencontre.

Nadal a eu cette force mentale de toujours chercher à progresser pour devenir de plus en plus complet, frapper plus fort en revers – ce coup qui jusqu'alors n'était qu'un coup de remise, pas d'attaque, et surtout, d'entrer plus tôt dans le court. Un jour, il y a six ou sept ans, je discutais avec Francis Roig, l'un de ses entraîneurs. Rafa avait un petit coup de mou et Roig me disait : « C'est fini, Rafa ne gagnera plus ». Devant mon étonnement, il avait développé : « S'il n'arrive pas avancer, à frapper la balle plus tôt, il ne gagnera plus un match. » Au fond de moi, je m'étais dit : « Mais qu'est-ce qu'il raconte ? Il est fou, ce mec… » Trois mois après, Nadal prenait vraiment la balle plus tôt. Il avait fait ce que je n'ai pas réussi à mettre en pratique.

Oui, j'ai cru au titre du Grand Chelem

On m'avait raconté que Jimmy Connors, ce grand champion excentrique devenu, un temps, coach d'Andy Roddick, avait une telle haine de la défaite que, dans les moments de frustration, il devenait ingérable. J'allais le découvrir le 6 juillet 2007. C'était pour moi un jour de grâce : je venais de battre, sur le mythique Centre Court de Wimbledon, Roddick – son protégé ! – en quart de finale du Grand Chelem londonien. Le tout en cinq sets. Visiblement, Jimmy n'avait pas apprécié. Ce souvenir est gravé sur ma rétine : dans le vestiaire, il est très bizarre, voire désagréable. Je le vois même se livrer à un manège complètement loufoque : il prend des bières, les décapsule et les vide au sol les unes après les autres sans même en boire une gorgée. Le type est clairement au bout du rouleau… Mais malgré sa grossièreté, je reste sur mon nuage. Comment peut-il en être autrement après ces heures de félicité qui m'ont bercé sur le court ? Je viens de vivre un de ces matches d'où l'on sort avec l'impression irréelle que l'on ne peut pas faire une seule faute : tout passe – malgré les obstacles qui se présentent. Un état d'euphorie inédit dans ma carrière. Juste après le match, Roddick raconte en conférence de presse qu'il « [a] un énorme poids sur l'estomac, sans comprendre ce qui a pu [lui] arriver. » Il ajoute : « Si faire une approche parfaite et se prendre un *passing* tiré depuis les lacets des chaussures, c'est mal jouer, alors je ne comprends plus rien au tennis… » Et c'est vrai qu'il pouvait monter au filet autant qu'il voulait – lui, le n° 3 mondial aux deux finales de Wimbledon et son sang-froid de cow-boy américain –, j'avais l'impression qu'une fois à la volée, il était comme un mannequin dont je pouvais disposer à ma guise.

Les statistiques m'attribueront 93 coups gagnants, dont la plupart en revers. Un chiffre absolument dément pour expliquer l'inexplicable : ce retour de l'enfer après avoir été mené 6-4, 6-4, 4-2 devant un ténor du gazon finalement crucifié 4-6, 4-6, 7-6, 7-6, 8-6. À 21 ans, c'est mon premier match de référence dans un tournoi du Grand Chelem, et la première fois que je remonte de deux sets à rien, dans un match où j'avais finalement réussi à tout montrer de moi-même : d'une part, cette capacité à me crisper et à me renfermer sur moi-même – au point de vouloir crier à mon coach, Éric Deblicker, à 4-2 dans le troisième set, que tout était fini (mais il faisait tellement la gueule que je n'avais finalement rien osé dire) –, d'autre part cette facilité déroutante à hausser mon niveau de jeu sur un déclic.

Le lendemain, puisqu'il a beaucoup plu les jours précédents et que la programmation ne peut pas honorer le classique jour de repos, c'est déjà le jour des demi-finales. Je me souviendrai toute ma vie de ce moment où, après l'échauffement du matin, nous ne sommes plus que quatre dans le vaste vestiaire, assis tout près les uns des autres : Roger Federer, Rafael Nadal, Novak Djokovic et... le petit gars de Sérignan. Même si Djokovic n'était pas encore le monstre qu'il deviendrait, l'image ainsi livrée dit quelque chose de mon accomplissement, le voir assis entre deux légendes qu'il ne tarderait pas à rejoindre me donne à penser que ce ne sera pas si facile de gagner. C'est comme si mon esprit était sorti de mon corps pour photographier ce moment de cohabitation avec les plus grands, lestés aujourd'hui à eux trois de 61 titres du Grand Chelem. Étrange ! Et si je finis par perdre la demi-finale contre Federer, ce très bon tournoi de Wimbledon marque une balise importante dans ma carrière, puisque je rentre dans le Top 10, directement au 7e rang mondial.

Je pénètre là dans le saint des saints. Faire partie du Top 10, appartenir à la caste des dix meilleurs joueurs du monde me fait devenir quelqu'un d'autre. Un joueur différent. En exagérant à peine : 14ᵉ mondial, tu es une daube ; 10ᵉ, tu deviens un génie. Je m'en rends compte quelques semaines après Wimbledon, en débarquant à l'hôtel Fairmont pour disputer le tournoi Masters 1 000 à Montréal. Premier présage favorable, je vois qu'on m'a donné une chambre au dernier étage : tu grimpes dans la hiérarchie, au sens propre comme au figuré ! 2ᵉ étage quand tu te poses dans le Top 30 ; junior suite dans le Top 20 ; et pour moi, au Fairmont, la chambre tout en haut, d'une centaine de mètres carrés, où venait de résider Bill Clinton pour un sommet de chefs d'État ! Je n'avais jamais été logé dans un truc pareil.

Mais c'est ainsi : une fois dans le Top 10, on n'est plus traité de la même manière. On gagne beaucoup plus d'argent qu'auparavant, même lorsqu'on était classé quelques places derrière seulement. Les garanties qui sont offertes, par exemple, pour une participation à un tournoi français, passent de 20 000 à 150 000 euros. C'est l'agent d'un joueur hors Top 10 qui doit téléphoner lui-même aux directeurs du tournoi pour l'inscrire, et quémander la possibilité d'une deuxième chambre pour le kiné. Là, ce sont les tournois qui le réclament ardemment en offrant autant de chambres que nécessaires pour le staff. En 2007, j'en ai d'ailleurs bien profité à Mumbai et Tokyo...

Est-ce que je suis grisé ? Non. Je ne l'ai jamais ramenée. Je connais la fragilité des succès au tennis, que j'ai expérimentée. Tout tient à un fil, tout peut déraper, je le sais pertinemment. Et puis ma personnalité ne me pousse pas à déclamer que je « vais tout casser ». Je ne roule pas des mécaniques, je ne montre pas les crocs. Mais je suis heureux d'être là, dans le bon wagon. J'ai confiance en moi, sans être aveugle. Et dans cet état d'esprit, tout me porte à croire, en 2007, en un avenir radieux.

Tout avait redémarré en 2005, après cette crise qui m'avait laissé à plat pendant presque deux ans. Je n'avais pas été loin d'être très mal, et j'étais reparti très bien. Je m'étais extirpé du marasme pour devenir celui que j'étais supposé être ; dans les mêmes dispositions mentales que lorsque j'avais dix ou onze ans et que je jouais ma partition sans trop me poser de questions. J'avais « merdé », mais je reprenais ma vraie place sur le circuit. Très rapidement. Voilà ce qui est particulier chez moi : cette faculté à bondir du tout au rien et du rien au tout, en peu de temps. Peut-être que des jeunes comme moi, dotés de qualités sportives exceptionnelles, sont capables d'aller chercher en eux-mêmes des ressources inespérées, dès lors qu'autour d'eux règne une sérénité propice à la maîtrise de leur sensibilité ? Je ne sais pas.

Cette période en est toutefois une éclatante démonstration. 155ᵉ mondial en mars 2005, je pointe au 12ᵉ rang en septembre de la même année, comme un as des courants ascensionnels. Dans l'intervalle, je bats le n° 1 mondial quelques mois à peine après avoir eu le sentiment de perdre mon jeu. Je parle évidemment de Federer, à Monaco, en avril. Sacré moment – et surtout, drôle de rebond. S'il n'est pas encore tout à fait l'icône absolue du tennis, « Rodgeur » surfe à l'époque sur une phase de quasi-invulnérabilité puisqu'il n'a perdu qu'un match depuis les Jeux Olympiques de 2004. Il détient déjà quatre titres de Grand Chelem à son actif, et vient de remporter coup sur coup les Masters 1 000 d'Indian Wells et de Miami. Le Suisse est en lévitation. Moi ? À peine une marche plus haut que le fond du trou.

En fin d'année 2004, alors que je me trouvais en plein tourment intérieur, les matches par équipes en championnat de France avec le club de Jean-Bouin m'ont un peu relancé. Personne ne s'intéresse vraiment à cette compétition ; on n'a évidemment jamais retenu les victoires contre Cyril Saulnier ou la paire Ascione-Tsonga en double, mais je ne mésestime pas du tout l'effet régénérant que cela a eu pour moi, fanatique de ce genre de ce format – qu'adorent tous les vrais passionnés de tennis. Je passe quatre belles semaines avec mes coéquipiers, Julien Varlet et Édouard Roger-Vasselin, cela me fait du bien. Mais cet élan est aussitôt coupé par une varicelle que j'attrape en Nouvelle-Calédonie en janvier. Cette maladie, qui se soigne assez vite d'ordinaire, a le grand tort de laisser sur le flanc pendant de longues semaines, inapte à récupérer des efforts fournis. Je peux à peine jouer plus d'une heure sans coup de mou, et je m'apprête à faire de la figuration au Challenger de Cherbourg où j'abandonne contre un certain... Novak Djokovic, encore inconnu.

Heureusement, je suis bien accompagné et la reprise progressive de l'entraînement, sous la houlette d'Éric Deblicker, se passe vraiment bien. Avoir Éric à mes côtés à ce moment-là a été un gros avantage. Deblicker était respecté dans le tennis avec son expérience d'entraîneur de référence à la FFT, capitaine de Coupe Davis en 1988 et 1989, et responsable de haut niveau à la DTN. Il incarne alors une certaine rigueur, il a un nom, et je l'écoute. Ou plus précisément : je suis prêt à l'écouter. Ce n'est pas beaucoup plus compliqué que ça. Avec lui, je suis calme. Interdit de péter les plombs. On reprend tout à zéro, le coup droit comme le service. Éric nettoie mon jeu et ma tête. On fait des entraînements de qualité. Il est dur, mais c'est ce qu'il me faut, et cela n'empêche pas une certaine complicité. Tout est bien articulé.

Je suis cadré. En tennis, il suffit parfois de peu, d'un mot, d'une attitude... et d'un très bon joueur ! Je n'étais déjà pas n'importe qui non plus, mais les petites phrases-déclics – comme « Tu ne lâches plus un match ! » – prennent soudain tout leur sens. Je suis prêt à respecter ce pacte d'agressivité dans le jeu. Je retrouve de la simplicité et du relâchement, ainsi que du naturel en m'appuyant sur les fondamentaux. Et surtout, je retrouve le goût de la victoire, qui va avec deux titres en enfilade aux Challengers d'Italie, à Naples et à Barletta. Cela passe par de nombreux litres de sueur et des succès dans l'anonymat, sur des adversaires tous classés au-delà du 60ᵉ rang mondial – mais terriens au plus profond de leur âme –, qui remettent la machine en marche.

La semaine suivante à Monaco, mon endroit fétiche, j'ai la confiance et l'insouciance nécessaires pour battre en 8ᵉ de finale Nikolay Davydenko, 15ᵉ mondial – même en étant mené 6-4, 5-3. À cette époque, je traîne souvent avec Gaël Monfils. On rigole bien... ! Je suis heureux d'avoir 19 ans et de partager ces moments avec mon pote. C'est un état que l'on recherche tous ; bien jouer sans se poser trop de questions. De là à battre Federer, donc mon premier Top 10, pour devenir le plus jeune Français à battre un numéro 1 mondial, non...

Le match est très réussi, avec mon naturel qui s'exprime sans retenue et cette faculté – qui paraît irréelle aux yeux des commentateurs – de mettre Federer à cinq mètres de la balle. Ajoutons à cela un scénario époustouflant qui emballe le tout : un premier set que je perds sans paniquer, deux balles de match que je me procure à 5-2 au troisième set, et trois pour Federer que je sauve dans le tie-break final – pour finir par un *passing* de revers tiré du bout du monde. Un vrai blockbuster.

Mais je vais peut-être décevoir ceux qui y voient encore aujourd'hui un exploit hors-sol d'un jeune assez doué, qui réapparaissait subitement après une éclipse. À l'époque, la performance est saluée comme un coup de tonnerre imprévisible ; mais moi, je n'avais pas abordé ce match comme si j'allais conquérir l'Everest. L'obstacle ne me paraissait pas insurmontable. Avant le match, je me disais : « Je peux la jouer, ça peut passer. » Pas de crainte particulière. J'avais analysé Federer côté revers, et vu une faille de ce côté-là de son jeu. Je me sentais capable de le provoquer dans cette filière, et de gagner – c'est ce qui s'est passé. Par la suite, il a complètement changé ce coup pour le prendre plus tôt, et devenir meilleur encore. Il a profité de l'occasion pour gommer ses ultimes « faiblesses ». Et, en tout cas contre moi, il a rectifié le tir après cette première confrontation perdue. Je ne l'ai plus battu qu'une seule fois, à

Rome, en 2011. Mais, en ce qui me concerne, en ce mois d'avril 2005, je rouvre la boîte à fantasmes sur mon potentiel.

Quelques mois plus tard, j'apprendrais de la bouche du cordeur de l'équipe de France de Coupe Davis, Jean-Jacques Poupon (que je retrouve en juillet à Moscou) une information éclairante sur la nature de cette victoire exceptionnelle. « Est-ce que tu es au courant, Richard, me demande-t-il, que tu joues, en ce moment, avec des raquettes différentes les unes des autres ? Certaines sont à seize montants, et d'autres à dix-huit ! Je n'ai jamais vu ça chez un joueur... » Je réponds par la négative, très surpris. Ce sont en effet deux types de cordage très différents : avec une raquette à seize montants, la balle part plus vite. Ces deux configurations ne procurent pas du tout les mêmes sensations – pourtant je n'avais rien senti ! À la fin de la saison 2004, j'avais fait différents essais de raquettes, à seize et dix-huit montants donc, mais j'avais dû les remiser dans le placard pendant la longue pause causée par la varicelle. Et, à la reprise, j'avais tout emporté en bloc, puisqu'on en utilise environ six à la fois, sans me souvenir que les raquettes n'étaient pas homogènes... Je me rends donc compte avec le recul que j'ai joué contre Federer – un des matches les plus marquants de ma vie –, avec deux raquettes qui n'avaient rien à voir l'une avec l'autre – un set avec la dix-huit et un autre avec la seize, puisqu'il nous arrive de changer d'instrument pendant un match… tout cela sans même en avoir conscience ! C'est un choc, et qui dit tout de l'incroyable pouvoir de l'insouciance. Si j'avais été prévenu, je n'aurais peut-être pas pu jouer ! En tennis, on complexifie tout avec des détails, sur des histoires de tension, de raquette à plus ou moins un gramme selon la température de plus ou moins un degré. En apprenant cette folle histoire, j'ai compris que l'on gagnerait sans doute à être un peu plus souple. Dans ce genre de situation, on comprend l'importance de la psychologie, et l'envergure des barrières mentales que l'on se fixe dans le tennis.

Je continue la saison 2005 sur le même mode, en pilotage automatique, insouciant – la victoire appelle la victoire. J'enchaîne sur une finale de Masters 1 000 à Hambourg, que je perds contre Federer. Le très bon tableau auquel j'ai fait face durant ce tournoi montre que, durant ces années-là (entre 2000 et 2005), il existait encore un petit espace d'opportunités tennistiques. Le Big 3 + 1 composé de Federer, Nadal, Djokovic et Murray n'existait pas encore. En juin, à Nottingham, je remporte mon premier titre ATP sur gazon, ce qui coïncide avec mon accession au rang de n° 1 français, un accessit qui me laisse indifférent, puisque je n'ai jamais joué pour l'être et que seul comptait le classement ATP. Avant de trop souffrir du coude, je m'offre un 8e de finale à l'US Open en m'entraînant avec Nadal ou Federer, la semaine précédant ce Grand Chelem, au même endroit où, tout juste un an auparavant, j'avais quitté le stade, penaud, après ma disqualification.

En 2006, l'année se passe également très bien, avec en point d'orgue cette finale au mois d'août au Masters 1 000 de Toronto, après des victoires sur de bons joueurs comme James Blake, Fernando Verdasco, Tomáš Berdych ou Andy Murray, qui a à peu près un an de moins que moi. Avec lui, avec Djokovic qui commence à faire parler de lui, ou Berdych plus vieux de quelques mois, je me sens appartenir à cette nouvelle génération qui va s'installer au sommet. Et, en finale contre Federer, je joue sans doute, durant la première manche que je remporte 6-2, le meilleur set de ma carrière, avec des coups gagnants en enfilade. Si je perds le match – « Rodgeur » finit inexorablement par serrer le jeu –, l'avenir s'annonce radieux.

En 2007, les choses s'enchaînent plutôt bien avec une demi-finale à Wimbledon. Mais tout n'est pas rose pour autant... Ma défaite en Coupe Davis face à Youzhny à Moscou, après 4 h 48 de combat durant lesquelles on m'a reproché mon attentisme, a laissé des traces, et la désillusion à Roland-Garros après un échec inattendu face à

Vliegen m'ont diminué. La tournée américaine s'est très mal passée après deux balles de match ratées à Montréal contre Verdasco, un forfait à Cincinnati pour cause d'ampoules et un autre à l'US Open, du fait d'une angine, qui font beaucoup jaser. Là encore, l'étiquette « Renonce avant d'essayer » m'est collée sur le front. Les critiques ne m'atteignent pas, cette fois-ci, tout simplement parce que je me sens en phase avec moi-même. À mon retour de New York, malade, je me rends d'ailleurs comme si de rien n'était au Parc des Princes pour PSG-OM. On me fait comprendre qu'on ne peut pas tout à la fois se retirer d'un tournoi pour angine, et filer au grand air pour le loisir. Je m'en moque complètement : on ne rate pas un PSG-OM, même avec 40 de fièvre. Et la fin de saison me donne entièrement raison puisque je rebondis après ces séquences alternatives d'euphorie, de doutes ou d'espoirs.

À Bercy, sous la pression, alors que dix-sept joueurs ont une chance d'arracher leur qualification pour le Masters, je fais partie des deux derniers élus avec Fernando Gonzalez. Il fallait au moins parvenir en demi-finale et j'y arrive – en éliminant Tsonga, Blake et Murray, les deux derniers étant des adversaires directs pour la quête du Graal. Je ne joue pas mon meilleur tennis mais je résiste, solide, réaliste, pour finir la semaine la tête dans les étoiles : à 21 ans, je deviens le plus jeune

Français à me qualifier pour le tournoi premium de l'ATP qui réunit les huit meilleurs joueurs de la planète avec Federer, Nadal, Djokovic, Roddick, Davydenko, Ferrer et González, invités à se départager lors du dernier tournoi de l'année. La crème de la crème !

Je ne peux pas oublier ce séjour à Shanghai, sur le toit du monde ; même si je ne suis, parmi tous ces joueurs, qu'un petit ténor. Là-bas, Federer me rend hommage en déclarant en conférence de presse : « Richard est l'un de mes joueurs favoris du circuit. Il a un meilleur revers que le mien, que j'aime pourtant bien. J'ai adoré regarder son match fantastique contre Roddick à Wimbledon. À Bercy, chez lui, il a très bien joué sous la pression, ce qui n'est pas facile. Heureusement, il nous a laissé un peu de temps avant d'arriver au sommet. Je suis content pour lui qu'il se soit qualifié pour le Masters… et content pour moi qu'il ne soit pas dans mon groupe. » Cela fait plaisir… !

Tout semble démesuré à Shanghai. Dans la chambre à l'hôtel, il y a une serviette de bain avec mon nom brodé. Idem sur le peignoir. Quand je suis arrivé, quatre membres du personnel chinois sont montés avec moi me présenter la chambre. J'avais l'impression d'être Abraracourcix, le chef gaulois dans *Astérix et Obélix*… Il ne manquait plus que le bouclier pour me porter ! Afin de se rendre à la cérémonie officielle de lancement, organisée dans une salle du musée de la Science et des Techniques à Pudong, le quartier futuriste de la mégapole, je me revois encore dans la voiture en habit traditionnel à col Mao, roulant à toute allure dans des rues bloquées par des policiers postés à chaque feu rouge. La ville était à nous, comme pour une escorte présidentielle. Surréaliste, quand on connaît les temps de déplacement effarants que connaît la population locale, provoqués par les énormes bouchons. Au stade Qi Zhong, en banlieue, chaque joueur avait sa statue grandeur nature, revisitée à la mode chinoise. On me l'a envoyée plus tard en France par bateau. Elle trône aujourd'hui dans un magasin Intersport près de chez moi, à Béziers.

Malgré l'élimination dès la phase de poules, après une victoire contre Djokovic et deux défaites contre Nadal et Ferrer, je me dis : « Vraiment, en cette fin d'année 2007, il y a de la place pour aller rafler un titre en Grand Chelem ». J'y crois fermement. Pendant la préparation hivernale, je m'entraîne sur les courts intérieurs du CNE, et je me dis, souvent, le soir avant de m'endormir : « Tu vas partir pour l'Open d'Australie, tu es tête de série n° 7, et tu peux gagner. » Je reprends la confiance qui m'habitait quand j'étais jeune, et me rendait presque invulnérable.

Peut-être l'ai-je pensé trop fort.

Additionnées à celles des autres, il y a maintenant mes propres attentes. J'appartiens au gratin mondial, et suis prêt à mettre le dernier coup de collier. Voilà ce que je me disais ; mais je n'y suis pas arrivé.

La saison 2008 démarre mal, avec une défaite contre Tsonga à l'Open d'Australie. Puis en mars, après trois années intenses en émotions, ma relation avec mon coach Éric Deblicker prend fin : il y a une fatigue mutuelle, mais surtout une grande lassitude de son côté. J'ai eu l'impression qu'il était cuit aux patates, si vous me permettez l'expression. Il était clairement moins présent dans le projet, avait envie d'autre chose, et notamment de fonctions à responsabilités au sein de la Team Lagardère. Un binôme joueur/coach fonctionne comme une équipe de foot : quand les résultats ne suivent plus ou que l'allant collectif se perd, lorsque quelques rouages finissent par grincer et que les revers arrivent, cela finit par coincer. Cette séparation est arrivée au pire des moments, dans une période de flottement relatif alors que je venais d'élever le curseur de mes ambitions.

Alors, à nouveau, le cercle vicieux s'installe. Les mêmes phrases résonnent en boucle dans mon esprit : « Il faut réussir ! », « Il faut monter au classement ! », « Il faut gagner ce Grand Chelem ! », alors que rien ne s'enclenche. Je vois que je perds du temps, je m'affole, « Deblik » n'est plus là ; je n'ai plus de cadre et me perds. Une nouvelle fois.

Même si je l'ai toujours connue, la pression monte de tous les côtés, de la part des sponsors, du public, des médias, de la Fédération et de Lagardère, aussi. Pour le Masters de Shanghai, Arnaud était venu de Paris en avion privé, avec une délégation d'une petite dizaine de personnes pour ce long voyage d'agrément. 10 000 kilomètres pour voir un match de tennis… ! C'était le geste d'un vrai ami. Arnaud compte beaucoup pour moi, il a toujours soutenu ma carrière. Mais au-delà du tennis, nous sommes proches, je suis d'ailleurs le parrain de sa fille. Cela partait d'un bon sentiment, et du plaisir de vivre en direct une grande occasion pour le joueur qu'il soutenait et appréciait depuis longtemps. Mais connaissant ma personnalité, ce n'était sans doute pas la bonne chose à faire. Moi, je me sens bien seul avec mon coach. Certains joueurs aiment avoir un box rempli alors que j'ai toujours préféré les effectifs réduits. Ce qui se joue en coulisses autour d'un événement ajoute clairement à la pression sur mes épaules.

Tout s'écroule, tellement vite. Encore une fois, mon équilibre tenait à un fil… Désormais je suis seul sur le court, je gagne moins, mes concurrents obtiennent de bons résultats, je me perds un peu, puis beaucoup… Bref, je cogite.

C'est en 2008 que je m'enfonce progressivement. À Miami, en avril, des journalistes m'approchent pour essayer de comprendre les coulisses de mon premier trimestre raté et titrent l'interview : « Le tennis, ce sport à la con ». La manchette a marqué les esprits. Moi, je dirais plutôt que c'était cet article qui était « à la con ». Oui, j'avais prononcé cette phrase. Je venais de perdre au premier tour contre le Russe Tursunov au tie-break du troisième set, dans une fin de match où je ne m'arrêtais même plus au changement de côté. Quand les journalistes interrogent un joueur dans ces conditions, il peut tout dire – et surtout n'importe quoi. Cet article avait précédé la rencontre de Coupe Davis face aux Américains à Winston-Salem, où, alors que je ne joue pas – je ne suis clairement pas en état –, tout le monde se focalise sur mon téléphone portable qu'apparemment je consulte trop pendant les rencontres de mes coéquipiers. Les journaux en font même leur une. Bien sûr, je ne suis pas exempt de tout reproche. Mais il n'y a qu'avec moi que des choses comme cela peuvent se produire. J'avais essayé de dire que je ne pourrais pas assumer ce rendez-vous, que j'avais besoin de faire une pause, mais je n'avais pas réussi à faire passer le message. Tout le monde aime décortiquer l'échec... C'est mon histoire.

La saison sur terre battue est cataclysmique avec des échecs face à Querrey, Horna ou Seppi dès les premiers tours des tournois de Monaco, Rome et Hambourg. C'est une faillite, que je vis et ressens sur le terrain. À nouveau, comme en 2003 et 2004, je n'arrive plus à être lucide sur le court, je me sens seul. Les mêmes schémas se répètent. L'entourage n'est pas au diapason de mon projet. C'est mon échec, oui, mais il n'y a personne de très fort à mes côtés pour colmater les brèches.

Avant Roland-Garros, la Team Lagardère me propose Guillaume Peyre, un jeune coach qui a eu de bons résultats avec Marcos Baghdatis, en aidant ce dernier à se hisser en finale de l'Open d'Australie en 2006. On me parle de la nécessité d'un coach à poigne ; je me dis : pourquoi pas ? Cela ne se passe pas trop mal, mais, aujourd'hui, je ne peux pas m'empêcher de regretter, là encore, de ne pas avoir eu plus tôt des gars de la trempe de Sébastien Grosjean ou Sergi Bruguera autour de moi. Avec Peyre à mes côtés, je vivrais un match assez symbolique en 8e de finale de Wimbledon face à Andy Murray, celui-là même que j'avais battu assez facilement quelques mois plus tôt à Toronto. Cette fois-ci, je mène deux manches à rien et sers pour le match à 5-4 au troisième set, dans un jeu où je me précipite un peu. Avant le match, les tabloïds m'avaient traité de « *wimpish* » : peureux. Ils avaient écrit : « Gasquet, très grand talent, pas de mental ». Difficile à digérer... Mais j'avais quand même assuré, jusqu'à ce qu'Andy ne finisse par mettre le feu aux poudres en haranguant la foule à presque tous les points, dans une ambiance de match de foot, pour finir en vainqueur au bout de la nuit, dans la pénombre, en montrant son biceps gonflé comme celui de Popeye.

Voilà. Il allait ensuite monter très vite, tandis que je reculerais. Nos courbes s'inversaient. À la fin de l'année, ce n'était plus moi qui me qualifiais au Masters, mais Jo et Gilles. Andy Roddick, le même Roddick que j'avais éliminé à Wimbledon en phase *très* ascendante un an plus tôt, dira à ce moment-là à Julien Cassaigne, qui deviendra plus tard mon coach : « Mais qu'est-ce qu'il fout au Masters, Simon ? C'est à Gasquet d'être là... »

Génération mousquetaires

J'ai été très ému au mariage de Gaël Monfils et d'Elina Svitolina, en juillet dernier, à Genève. Je n'en ai rien laissé paraître, parce qu'il n'est pas dans ma nature d'exhiber mes sentiments. Me retrouver dans cette belle fête aux côtés de Jo (Tsonga) et Gilles (Simon), pour célébrer Gaël, m'a fait prendre conscience des liens indéfectibles qui nous rassemblaient. Je me sentais bien parmi eux, mes amis et mes partenaires, mes coéquipiers de Coupe Davis et adversaires d'un jour. Il y avait dans cette cérémonie quelque chose du *Cœur des hommes*, ce film de potes où se dégage, entre rires et larmes, une si émouvante chaleur humaine. Durant le mariage, j'ai revu toutes ces années – plus d'une vingtaine – passées à leurs côtés, au cours desquelles nous avons tout de même écrit une sacrée page de l'histoire du tennis français, avec nos qualités, nos défauts et notre solidarité surtout.

Le premier que j'aie rencontré de cette bande de gros caractères, c'est Gilles Simon. J'avais dix ans et lui douze. C'était lors d'un tournoi de jeunes à Bressuire. Je n'étais pas bien grand, et lui haut comme trois pommes ; sa raquette semblait le porter. Il avait déjà, dans sa besace, le sens du jeu, et l'art d'emberlificoter ses adversaires avec son talent de contreur. Nous avions joué trois heures durant, une durée folle à cet âge ; il n'avait pas arrêté de me faire des balles en cloches. Dans le jargon, on appelle ça *limer*, c'est-à-dire jouer sans rythme, tout renvoyer, rendre fou son adversaire. J'avais gagné, moi, la petite pépite du tennis français, contre lui, l'embrouilleur en chef, mais j'en étais sorti fourbu. Et le lendemain, encore complètement sur les rotules, j'avais déclaré forfait pour le match suivant. Voilà, Gilles m'avait tout de suite fait du Simon, avec sa technique et son instinct sportif hors du commun. Un jour, il m'a fait rire en racontant qu'il avait été le premier à me faire dire : « Je suis rôti », l'une de mes expressions favorites. C'est vrai qu'il m'avait traumatisé…

Plus tard, j'ai beaucoup côtoyé Jo-Wilfried Tsonga. Jo, mon partenaire en équipe de France dans les compétitions internationales de jeunes. Plus vieux d'un an, une tête de plus que les autres :

très tôt, il avait eu une grosse personnalité. Ensemble, on a tout gagné. La Copa del Sol, les championnats d'Europe et du monde des moins de 14 ans en 1999 à San Remo, où on avait battu en finale des Chiliens qui n'ont pas percé – alors que l'Espagne de Nadal et Almagro avait fini à la troisième place. Pendant la cérémonie, alors que les drapeaux étaient levés, on avait vécu ensemble notre première *Marseillaise*. Je ne ressentais rien de vraiment spécial, mais Jo m'avait murmuré une bêtise à l'oreille, sous-entendant que cela lui faisait de l'effet : nous étions partis dans un énorme fou rire...

On faisait tout ensemble : les remises de prix, les simples et le double. Il appréciait ma technique. Il disait que j'avais « le coup droit à Dédé (Agassi) » et prétendait même copier mon revers à une main. Disons que je jouais d'une manière plus fluide et que je le battais régulièrement.

Il était en revanche bien mieux armé pour les soirées. Pour être franc, mes apparitions nocturnes ne constituent pas mes plus grands faits d'armes... La danse, ce n'est pas mon truc ! Jo raconte souvent qu'il avait l'impression de me voir faire des petits pas d'échauffement quand je me risquais sur le *dance floor*.

À cette époque, on avait fêté la fin des championnats du monde à Prostějov, en République tchèque, et je n'arrive pas à m'enlever de la tête le fait qu'il n'y avait que deux joueurs en survêtement : Nadal et... moi. Je n'avais pas le culte du look et de la belle fringue : Jo s'en était bien moqué ! Tous ces souvenirs de jeunesse, ces victoires et ces petits chambrages, nous ont unis à vie. La tournée *juniors* en Australie en début d'année 2002 avait un petit air de guerre des boutons... On avait fait une tournée d'un mois là-bas et j'avais gagné le premier tournoi, à Traralgon, en battant Jo en finale. On rigolait bien : ce sont mes meilleurs souvenirs, l'insouciance, les découvertes. À Melbourne, alors qu'on partageait la même chambre, on s'était fait éliminer chacun de notre côté en demi-finale des juniors à l'Open d'Australie, moi contre l'Australien Todd Reid, lui face à un autre Français, Clément Morel. Depuis les tribunes, tous les deux au bout du rouleau, nous avions regardé Clément remporter la finale, en se répétant : « Qu'est-ce qu'on fait là, dans les gradins, alors que ce titre était pour l'un de nous... » Aujourd'hui, Clément est représentant chez Wilson tandis que Todd, hélas, s'est suicidé. Il n'a justement pas supporté les énormes attentes qui pesaient sur lui. De notre côté, nous avons continué dans ce métier. Très vite, nous avions su tous les deux qu'on jouerait ensemble, un jour, un double en Coupe Davis. J'ai avec Jo ce lien indissoluble – il constitue l'un de mes piliers.

Puis Gaël Monfils est arrivé dans mon paysage, un peu plus tard, quand j'avais quatorze, quinze ans, lors d'un mini-tennis organisé à Roland-Garros pour je ne sais quelle occasion. Une boule d'énergie ! Je ne le connaissais pas et ça avait été un choc. Il parlait tout le temps – il serait même plus juste de dire qu'il criait. Et je crois me souvenir avoir perdu ! Mais ça y est, j'avais rencontré les trois personnages de cette drôle de bande. Le petit génie, le professeur, le cogneur, et l'OVNI. Je vous laisse deviner qui est qui. Richard, Gilles, Jo et Gaël... Des personnalités différentes, souvent charismatiques, avec chacun sa philosophie pour arriver au sommet. Une belle histoire, non ?

Quatre Français dans le Top 10 à une époque où évoluent en même temps, avec Djokovic, Federer et Nadal, les trois meilleurs joueurs de l'histoire, on ne peut pas mieux résumer à quel point notre génération a été monumentale... À nous quatre, nous représentons une finale de Grand Chelem, dix demi-finales, cinquante-sept titres ATP, avec pour chacun au moins une participation au Masters de fin d'année, sans parler des souvenirs de matches incroyables que nous avons dû laisser dans la mémoire collective ! Le 15 août 2011, nous étions tous les quatre parmi les treize premiers mondiaux.

Par ma précocité, je suis le premier à les avoir inspirés. Quand je bats Squillari à Monaco en 2002, à quinze ans, ils se bagarraient à peine dans des tournois Groupe 2 juniors dans le sud de la

France… C'est moi le premier qui suis arrivé pour tirer les wagons. Puis Jo, qui avait gagné le championnat d'Europe des moins de 16 ans contre Nadal, a commencé à me rattraper. Mais il a été souvent blessé à dix-sept, dix-huit et dix-neuf ans. Il obtenait des résultats, puis restait sur la touche durant de longs mois. Cela ne m'empêchait pas de le suivre de près. Pour l'avoir côtoyé, je savais évidemment qu'il serait très fort. Mais ce qui est fou, c'est qu'à la Fédération, il avait été comme enterré. On disait : « Tsonga ? Ouais, bon… » Je trouvais ça incroyable.

Gilles, lui, jouait beaucoup. C'était un acharné du circuit, il arpentait les Futures et en gagnait quelques-uns. Il n'avait pas de résultats tonitruants, mais il progressait en permanence. Je voyais qu'il aimait le tennis, viscéralement. Leur grand truc avec Gaël, c'était de faire des matches en cinq sets au CNE. Ils arrivaient à Roland ; il fallait qu'ils se défient en faisant des marathons. Je ne vois plus personne faire ça de nos jours.

Quant à Gaël, je ne l'avais que peu suivi et je ne m'attendais à rien de particulier. Puis il a rapidement explosé. Il a vite commencé dans les tournois adultes, et c'est d'ailleurs face à lui, dans cette bande, que j'ai joué mon premier match dans un tournoi professionnel ; c'était en 2004, je l'avais battu en quart de finale à Metz. Dans la foulée, il avait donné un spectacle grandiose à Bercy, en arrachant la victoire à Thomas Enqvist avant d'échouer face à Lleyton Hewitt. Cette percée était loin d'être anodine car nous nous disputions un important contrat Nike... Le superviseur de la marque était venu me voir jouer à Palerme, où j'avais livré un match affreux face à Potito Starace. Gaël avait emporté le contrat, et cela m'avait un peu agacé. Car, s'il s'est beaucoup assagi, Gaël avait une grande gueule à l'époque : il arrivait souvent sa capuche sur la tête et son walkman aux oreilles, la démarche très assurée, un look chargé d'influences rap et NBA qui lui donnait un air de « gangster ». Un jeune fougueux, nerveux, révolté. Un vrai *bad boy* ! C'était cette forte personnalité qui lui donnait confiance en lui.

Je ne surprendrai personne en disant que c'est un garçon atypique, qu'on n'en verra pas deux comme lui. Derrière ses airs de dur du début, je l'ai toujours trouvé très attachant, sensible, à fleur de peau. Il est haut en couleur. Il a ses sommets, puis ses moments un peu bas, où il disparaît et connaît des périodes difficiles : il change de numéro de téléphone tous les deux mois, il est dur à suivre. Mais chaque fois que je le vois, je passe des moments agréables. Quand on était éliminés de Roland-Garros tous les deux, on avait l'habitude de dîner ensemble. Il est souvent très entouré. Plus jeune, il vivait dans un appartement dingue à Paris, avec des platines de DJ, notamment. Quant à sa voiture tunée, sa Scirocco : le pot, les jantes, c'était extrême ! L'intérieur ressemblait à une boîte de nuit tant les décibels de sa radio étaient élevés ; plus rien n'était d'origine. Sauf les portes papillon, qui me démettaient l'épaule chaque fois que j'essayais de les ouvrir. Quand Gaël se garait devant le Murat, un restaurant de la porte d'Auteuil à Paris, c'est moi, côté passager, qui faisais l'ouverture face au voiturier. Les gens nous regardaient comme des OVNI, en se demandant qui émergerait de cet engin. Nous avions à peine dix-neuf ans…

Mais le plus frappant chez Monfils restera son physique aux phénoménales qualités naturelles. Lors de la finale de la Coupe Davis à Belgrade, en 2010, on annonçait une ambiance au couteau. Une équipe du GIGN était venue nous surveiller pour nous protéger en cas de débordement. Gaël avait amicalement provoqué un gendarme de cette équipe pour quelques passes de lutte… et il l'avait retourné ! Une force de la nature parée pour des missions commando…

Sur le circuit, on a rarement disputé l'un contre l'autre des matches qui ont frappé les esprits. Je le battais parce qu'il n'était pas en forme, ou l'inverse. Rien de mémorable. La seule chose que je retiens, c'est qu'il n'a jamais lâché un point contre moi. Pas une fois. Je l'ai vu laisser filer des jeux contre n'importe qui. Mais lors de la vingtaine de matches entre nous, il s'est battu sur tous les points comme un acharné ! Je ne saurais pas dire pourquoi. C'est Gaël, il ne faut pas chercher à comprendre...

Les matches contre Gilles, c'était encore autre chose. J'ai remporté neuf de nos dix confrontations sur le circuit principal – un score très flatteur –, sans en tirer une quelconque conclusion. D'ailleurs, je peux dire pourquoi, au fond, Gilles Simon était si fort. Cette histoire nous ramène en 2006, au 2e tour de l'US Open à Flushing Meadows. J'arrive avec toute la confiance d'une finale au Masters 1 000 de Toronto, tandis que lui pointe aux alentours du 50e rang mondial. Et de fait, je me balade. Sans mentir, une vraie boucherie : 6-0, 6-2, 6-3 en 1 h 46. D'une facilité déconcertante. À aucun moment, je ne me sens inquiété. On aurait disputé dix sets que je lui aurais mis 6-2, 6-1, 6-2, 6-3, etc. Dans *L'Équipe*, je lis ses déclarations d'après-match. « Ça a été dur pour Richard, j'ai vu à un moment qu'il ne pouvait plus respirer, il était mal... » Éberlué, je vais voir mon entraîneur Éric Deblicker : « Dis-moi, Éric, ce mec est fabuleux ! C'est quand même incroyable... » En disant cela, je découvrais le génie de Gilles Simon : cette croyance dans ses armes pour liquéfier le jeu adverse. Pour arriver si haut, il faut une dose de confiance en soi hors norme, et cette analyse d'après-match en fait partie. Cela dit, on peut citer à la pelle le nombre incalculable de matches contre Simon où ses adversaires ne pouvaient plus respirer. Il n'y a pas un joueur sur le circuit qui puisse dire que Gilles ne l'a pas rendu fou. Djokovic ou Federer ont été tout près de craquer, aussi, dans des matches haletants à l'Open d'Australie. Droite, gauche, gauche, droite. Même en le regardant à la télé, tu te fatigues. Les gens ne se rendent pas compte à quel point il pouvait être fort. Comment s'est-il façonné de cette manière ? Qui a bien pu le conduire à jouer comme ça ? Je ne sais pas. Ce qui est certain, c'est qu'il a toujours eu son fil conducteur et je l'ai apprécié pour ça. Il a toujours assumé ce qu'il disait et qui il était, sans faire de courbettes devant personne. Il a été surnommé « le Professeur », car la légende veut qu'il inonde le cerveau des autres joueurs à coups d'analyses technico-tactiques. Cela ne m'a jamais dérangé. De toute évidence, il sait de quoi il parle et je suis très souvent d'accord. Même s'il s'est trompé dans son débriefing ce jour d'août 2006 à Flushing Meadows, j'écoute bien davantage les analyses sportives de Gilles Simon que celles de beaucoup d'autres sur le circuit.

Si le match contre Gilles que j'évoquais n'a pas une grande signification, il en est un bien moins anecdotique qui aura profondément marqué ma carrière. C'était contre Jo, en 8e de finale de l'Open d'Australie 2008 : un souvenir amer avec des conséquences inattendues pour la suite, et qui montre surtout la complexité de nos interconnexions. L'année précédente, Jo, qui s'était remis de ses premiers pépins physiques, notamment au dos, m'avait battu au tournoi de Lyon. Il pouvait s'entraîner fort à nouveau, et, pendant la préparation hivernale au CNE, j'avais bien senti qu'il mettait de nouvelles choses en place. Nous étions partis ensemble en Australie, puisqu'on s'était inscrits en double au tournoi de Sydney, que nous avions d'ailleurs gagné en finale contre les frères Bryan.

Nous nous entraînions ensemble toute la semaine, je le voyais faire vraiment beaucoup d'entraînement physique et le sentais en pleine forme. Je ne pouvais m'empêcher de penser secrètement : « Attention, il est là, le Jo ! » Et il l'a prouvé immédiatement à Melbourne en éliminant Andy Murray au 1er tour. En regardant le tirage au sort de cet Open d'Australie, j'avais tout de suite conclu qu'il était possible que l'on se rencontre en 8e de finale. Et ça n'a pas loupé. J'avais beau être 8e mondial, et lui 38e, je savais que ce serait très dur ; j'en avais tout de suite parlé à mon coach. Fatalement, ça l'a été : je perds en quatre sets serrés, 6-2, 6-7, 7-6, 6-3. J'étais venu pour aller loin, avec cette perspective impalpable que c'était le moment de faire un grand coup après trois années très compactes. Sur le moment, je vois que lui, avec l'effet balancier, est follement enthousiaste à l'idée de me battre, sa confiance en est décuplée. Il me semble que toute sa frustration accumulée pendant nos jeunes années, durant lesquelles il était un peu derrière, refait surface. Il avait dû vivre des moments difficiles, qu'il expurgeait d'un coup.

Pendant que je rentre à Paris, lui continue sa course folle, domine Youzhny puis massacre Nadal en demi-finale dans un match hallucinant ; je suis persuadé qu'à ce moment il surfe sur l'énergie engrangée lors de notre rencontre. C'est le week-end, Jo est en finale et je suis à la maison avec Gaël, que j'ai invité pour que l'on passe quelques jours ensemble. On ne regarde pas son match contre Djokovic, programmé à la télé le dimanche matin en France avec le décalage horaire. Pourquoi ? Nous sommes sortis en boîte le samedi soir et rentrés à 6 heures du matin. Nous étions si fatigués que j'ai dit à Gaël en rentrant nous coucher : « On verra le résultat au réveil. » Et quand il s'est levé, je lui ai dit : « Jo a perdu en quatre sets. » Est-ce que rater le visionnage du match était un acte manqué ? Non : nous avions fait le choix de sortir comme des jeunes de 21 ans. Mais je ne cache pas que de voir Jo en finale était une sensation étrange. J'étais content pour lui… et j'avais mal à la fois, je me disais : « Putain, il va gagner un Grand Chelem, c'est lui qui sera le premier. » C'est le problème du tennis… C'est un sport extrêmement individuel ; avec certes toute une équipe dévouée pour ton seul intérêt, mais ça n'empêche pas d'être inévitablement seul au milieu du court. À part navigateur sur l'Atlantique, je me demande s'il existe un métier plus solitaire que tennisman. Voilà notre vie en commun, faite de hauts et de bas. On ne pouvait pas toujours se faire uniquement du bien, avec chacun nos buts et nos objectifs qui finissaient par se confronter. Malgré tout, quelque chose d'unique entre nous est né de cette histoire. On ne s'invite pas pour des barbecues tous les week-ends, mais on se retrouve parfois, avec plaisir, dans des dîners et désormais dans les mariages. Je peux ne pas voir Jo pendant des semaines, et le retrouver comme si je l'avais quitté la veille. Nos soirées en Coupe Davis, au cours de ces week-ends de rencontres éreintants, ont mobilisé tellement d'énergie, de fous rires, ou à l'inverse de détresse, que nous ne pouvons qu'être soudés à vie.

Dans cette compétition, on s'est tous beaucoup fait confiance les uns les autres. Cela ne voulait pas dire que l'on se protégeait ou que l'on se donnait des alibis pour un forfait quelconque. Non : nous avions nos propres codes, notre propre grille de lecture et nous savions être autonomes au besoin. En nous organisant tous les quatre, nous aurions pu former la sélection à nous tout seuls.

Mais les capitaines n'ont pas compris ce mode de fonctionnement, et il y a toujours eu un débat sur l'équipe : devait-elle être bâtie autour de nous quatre ou avec l'apport d'une « pure » équipe de double constituée de spécialistes ? En 2014, nous avions soumis à Arnaud Clément l'idée que ce soit Tsonga et moi qui jouions le double. Puis Yannick Noah a voulu nous lancer tous les quatre (enfin !), pour son premier match de la campagne, en Guadeloupe, face au Canada en 2016.

Entre nous, il n'y a jamais eu de problèmes d'ego, ni de soucis pour laisser sa place à l'un ou l'autre. C'est toujours resté *clean*. Jo s'est battu en Coupe Davis. Gilles, malgré des déceptions et des frustrations, n'a eu de cesse de vouloir jouer quelles que soient les circonstances. Moi, cela ne m'a jamais posé de problème d'être remplaçant à l'occasion parce que j'aimais ces mecs, et être avec eux. Et Gaël ? Ah, Gaël... On ne savait pas toujours pourquoi, parfois, il ne voulait pas jouer le vendredi, pour les premiers matches. Par exemple, il n'avait pas voulu jouer contre Hewitt face à l'Australie ou contre Berdych face aux Tchèques. Gaël aimait bien dire : « Celui-là, je ne le sens pas, je n'y vais pas. » Mais quand il le sentait, il « défonçait » l'adversaire à chaque fois, que ce soit Federer à Lille, Ferrer à Clermont-Ferrand ou Nalbandian à Lyon. Cela ne m'a jamais dérangé et de toute façon, il était impossible de le faire changer d'avis. En revanche, il voulait systématiquement jouer quand les deux pays étaient à 2-2, pour le fameux cinquième match décisif. C'est le seul que j'aie entendu dire : « Moi, à 2-2, j'y vais. »

Voilà comment nous avons fonctionné. Nous avons beaucoup ri, parfois pas tout compris. En 2010, en finale de Coupe Davis à la Beogradska Arena de Belgrade, Simon avait perdu le premier jour contre Djokovic malgré une bonne résistance ; il n'avait pas réussi à peser bien lourd contre un Novak pourtant pas encore indestructible, du moins du point de vue du palmarès. Mais depuis le banc, il m'avait bien semblé que le Serbe avait été monstrueux. Après le match, inquiets par son niveau de jeu, nous nous en étions ouverts à Guy Forget. Lui, peut-être dans son rôle de capitaine, positif en toutes circonstances, n'avait pas voulu en rajouter. Mais ses mots avaient été malheureux : « Djoko, il ne joue pas si bien. Avec Gaël [Monfils, qui allait le jouer en simple le dimanche], ça ne va pas être la même chose. Lui, il a un grand coup droit ; lui, il a un grand service ! » Emporté dans un discours qui se voulait motivant, il ne faisait pas attention à Gilles, tête basse, un peu amer de se sentir ainsi déconsidéré. D'ailleurs, le dimanche, Djokovic, qui n'allait plus perdre de match jusqu'en juin 2011, n'avait laissé aucune chance à Gaël.

Concernant les rires, je me souviens surtout de mon match sur la terre battue de Stuttgart, en 2011, face à Florian Mayer, un match un peu pathétique tant par le niveau que par l'inconstance physique. J'avais très mal démarré, au bord du précipice – jusqu'à ce que l'Allemand ne devienne fébrile. Au début du quatrième set, dans cette rencontre particulièrement tendue, je vois Gilles et Jo assis au bord du court, pris d'un énorme fou rire qui ne s'arrêtait plus. Pendant deux ou trois jeux, je me demande ce qui peut bien se passer, alors que j'étais en train de stresser comme un malade contre un adversaire qui avait pourtant bien du mal à renvoyer la balle. C'était en fait la tête déformée de Mayer, perclus de crampes, qui les avait fait exploser. Je me demande s'ils ont autant ri depuis sur un court de tennis.

« Tous pour un » en Coupe Davis, chacun pour soi le reste du temps : les médias nous ont rapidement appelés « les Mousquetaires », en référence à Borotra, Cochet, Brugnon et Lacoste, les pionniers des années 1920. On avait fait une séance photo nous représentant en habits d'époque, comme pour faire le lien entre ces deux générations dorées. Je sais que cette appellation en a gêné certains d'entre nous, sous le prétexte que nous n'avions jamais rien demandé et que cela pouvait inutilement braquer un surplus de lumière sur nos carrières. Personnellement, ce terme de Mousquetaires – une lubie de journalistes – me paraissait sympathique. Cela voulait surtout montrer que l'on représentait une entité atypique. C'était plutôt joyeux.

J'ai souvent entendu aussi que ce regroupement de forces avait pu m'aider en diluant les attentes, partagées aussi par les autres qui se retrouvaient sur le devant de la scène… Mais cela ne m'a pas fait cet effet. Qu'il y en ait un devant au classement, ou un derrière, sincèrement, les attentes étaient les mêmes… En revanche, l'effet de groupe a pu jouer en notre défaveur. Les chances semblaient multipliées de gagner un titre en Grand Chelem, et finalement le compteur a stagné à zéro. Ce constat d'échec – très relatif – nous a nui : nous n'étions évidemment pas reconnus à la hauteur de nos accomplissements. L'effet de bande a augmenté ce sentiment, je pense.

J'ai été le premier à « manger », comme on dit familièrement, et je pense que j'ai été celui qui a été le plus attaqué dans les médias et par le public, à cause des attentes trop tôt suscitées. Jo aussi a morflé, notamment en Coupe Davis, parce que son statut l'exposait davantage. Nous avons toujours été solidaires dans ces histoires. On entendait que l'un avait la grosse tête, que l'autre avait ses fragilités ; puis, au final, nous passions tous à la moulinette les uns après les autres. Puisque nous étions les seuls à nous connaître vraiment, notre équipe nous permettait de garder le cap, ensemble.

Des quatre, la plus grande star restera quand même Jo… Il est tellement connu ! Bien plus que moi. Quand je sors avec lui, c'est impressionnant. À l'époque de la pub Kinder Bueno, on frisait l'hystérie. Parfois, une centaine de personnes dans la journée venaient lui demander : « T'as pas un Kinder ? » Il y avait de quoi disjoncter. C'était peut-être le prix à payer pour celui d'entre nous qui a été le plus près du Graal avec sa finale à Melbourne et ses cinq demi-finales en Grand Chelem. Il l'aurait mérité, ce titre, avec sa puissance, sa confiance à l'américaine et sa grosse personnalité. Il n'a pas eu de chance. S'il avait joué entre 2000 et 2005, il ne fait absolument aucun doute pour moi qu'il aurait gagné un titre en Grand Chelem. Dans notre classement, Jo est devant.

L'affaire

Il est plus de 22 h ce soir du jeudi 30 avril 2009, j'observe le magnifique Foro Italico qui accueille le tournoi Masters 1000 de Rome, son alignement de courts qui s'étirent à l'horizontale, tous élégamment bordés de pins et de statues romaines. Malgré ma défaite contre Fernando Verdasco, c'est une belle nuit. Les jours précédents, j'ai battu Jo Tsonga, 10e mondial à l'époque, et suis venu à bout d'Ernests Gulbis. Pourtant, les dernières semaines ont été passées essentiellement à soigner une épaule douloureuse. Ce n'est pas un mauvais retour à la compétition, je suis content de mon tournoi. Mais, pour la cinquième fois de l'année, après Melbourne, Rotterdam, Miami et Barcelone, je suis soumis à un contrôle anti-dopage, dont la seule conséquence est a priori de faire patienter les rares journalistes français présents, qui attendent de recueillir mon ressenti sur le match et mon état de forme avant Roland-Garros.

L'atmosphère est légère dans cette douceur romaine. On papote en évoquant ce contrôle qui étire une journée déjà longue. Vu l'heure et le faible nombre de personnes, le responsable média de l'ATP a organisé la rencontre à l'extérieur, et non pas dans le cadre, plus formel, de la salle de presse. Je plaisante en parlant des contrôleurs : « Ils croient quoi, qu'ils vont trouver quelque chose ? Peut-être des traces de fraises Tagada, et encore ! » Il est, pour moi, impensable d'être positif au test. Si j'avais su…

Le lendemain matin, je file à l'aéroport avec ma mère. Avant l'embarquement, je reçois un drôle de coup de fil. Je n'y comprends pas grand-chose, la conversation est brève, en anglais plutôt technique ; on me parle de « métabolite », et on m'ordonne de rappeler *l'International Tennis Federation* (ITF). J'ai un mauvais pressentiment mais je me dis : « Bon, on verra, ça ne peut pas non plus être trop grave. » Mauvaise analyse… À mon arrivée à Roissy, les mots de mon agent, Nicolas Lamperin, claquent comme un fouet. Il m'annonce : « Tu as été contrôlé positif à la cocaïne à Miami. » Je ne cache rien de ma sidération : « C'est quoi cette connerie ? Putain, je ne vois pas comment c'est possible… »

Ma première réaction relève de l'instinct. Je viens de recevoir un coup dans le cœur. Mais je crois encore que c'est une erreur. C'est forcément une erreur. J'appelle tout de suite mon père. Lui aussi est plongé dans l'incompréhension la plus totale. Comme moi, il n'a aucune question à se poser : c'est impossible. Il a toujours dit que ma hantise était de recevoir une piqûre pour soigner un rhume, il sait que je n'ai aucune idée de la manière dont on fume une cigarette. Dans la journée, très vite, Arnaud Lagardère vient à la maison. Nous lui exposons le peu que nous savons, et il en vient à la même conclusion : « C'est une histoire de fous. »

Pourtant, le piège se referme. Il faut se faire expliquer par l'ITF de quoi il est question exactement, et vite organiser ma défense avant le jugement prévu en juillet. C'est la panique. Je n'arrive d'abord pas à comprendre ce qui a pu arriver, et encore moins à m'en justifier auprès de mes proches. D'où viennent ces traces de cocaïne ? Mais, rapidement, j'arrive à cerner le seul scénario possible.

Je me souviens de la veille du contrôle, une fête dans une boîte de nuit à Miami Beach, le Set. Je revois le film de ma soirée. J'étais arrivé du tournoi d'Indian Wells en Californie, l'épaule en feu, convaincu que cette blessure m'empêcherait de disputer le tournoi après quelques échanges de balles à l'entraînement avec le joueur espagnol Feliciano López. Je ne pouvais quasiment plus lever l'épaule, ce que confirme l'IRM que j'avais passée dans la foulée. Le lendemain matin, je savais que j'allais devoir signifier mon forfait au juge-arbitre. En attendant, on me proposait d'aller écouter Bob Sinclar, un DJ star de l'époque, qui officiait pour le rendez-vous annuel de la fête de la musique électronique. L'offre m'avait tenté. J'ai vingt-trois ans, les occasions de s'amuser ne sont pas si fréquentes sur le circuit et je n'ai aucune raison de m'en priver sachant que la seule perspective du lendemain est de prendre l'avion pour rentrer en Europe. Je ne connais pas Bob Sinclar, mais je sais juste qu'il aime le tennis.

Et nous voilà au Set avec un petit groupe de compatriotes. Je rencontre une Française. Nous discutons un peu ; c'est plutôt prometteur et nous finissons par nous embrasser. La soirée se poursuit dans une boîte un peu nulle juste à côté, je prends son numéro de téléphone ; puis, parce qu'il est quatre heures et demie du matin et que je suis fatigué, je rentre seul à l'hôtel. Je me lève assez tôt dans la matinée pour me rendre au club, sur la magnifique presqu'île de Key Biscayne, et me retirer comme prévu du tournoi. Je passe aussi un contrôle anti-dopage, sans souci et sans crainte. Puis direction l'aéroport. Fin de l'histoire.

Je raconte tout cela aux avocats qui sont chargés de me défendre. Je *sais* que je n'ai pas pris de cocaïne ; je me demande ce qui explique la présence de traces dans mon organisme. Est-ce une question de particules dans l'air de la boîte de nuit ? Du contenu d'un verre que j'ai pu boire là-bas ? Toutes les possibilités sont évaluées. Le seul élément concret vient du laboratoire de Montréal qui a effectué les analyses du prélèvement, et annonce que les traces de cocaïne sont de 0,146 microgrammes. L'équivalent de deux grains de sel. Deux petits grains de sel, et une histoire de fous.

Heureusement, je me sens bien entouré. On a fait appel à des avocats anglais en vue du procès qui se tiendra à Londres, et au spécialiste qui avait précédemment défendu Martina Hingis dans une affaire également liée à la cocaïne. Débarque très vite Ramzi Khiroun, conseiller spécial d'Arnaud Lagardère. Il connaît tout Paris et je lui parle presque quotidiennement au téléphone. Je sens le professionnel de la communication de crise, celui qui en a vu d'autres ; d'une certaine manière, c'est rassurant : il est intelligent et compétent. En période d'orage, on se rend très vite compte qu'il est absolument nécessaire qu'une seule et même personne coordonne tout ; c'est une question de santé mentale. Ramzi Khiroun est cet homme-là. Un démineur. Lorsqu'il travaille, on pourrait presque entendre les réseaux s'activer derrière lui, comme un désagréable bruit de fond… Un jour, il a pété les plombs dans son bureau. Et lorsqu'il s'énerve, cela fait beaucoup de bruit. C'est lui qui contrôlait la parole du clan, et l'on savait que si quelqu'un s'avisait de parler sans qu'il ne soit au courant, il subirait les foudres de M. Khiroun. En l'occurrence, mon père s'était épanché quelque part dans les médias. Croyez-moi, Francis n'a plus jamais recommencé…

Puis, un jour, arrive la déflagration. Après deux ou trois jours d'attente, on me prévient : « Ça va sortir ce soir. » Une petite phrase, très vague, qui signifie que les médias s'emparent de l'affaire. Ils dévoilent que les mesures des traces de cocaïne annoncées au début de l'affaire dans la presse sont fausses, qu'il y a une confusion entre nanogrammes et microgrammes. Je ne suis pas physicien et je ne percute pas tout de suite, mais je comprends tout de même que ces premiers chiffres farfelus indiquaient une consommation importante. Le même jour, on apprend aussi que le cycliste Tom Boonen, un récidiviste en la matière, a lui aussi subi un contrôle positif. Tout s'entrechoque pour donner à l'histoire une ampleur sidérante. La bombe médiatique explose alors que je suis à Saint-Cloud, au domicile de mon entraîneur Éric Deblicker, accompagné de mon agent. Je reçois un flot de messages, sur tous les téléphones, et mon visage apparaît en continu sur les chaînes d'info. Je n'ai répondu à aucune sollicitation depuis plusieurs jours, mais je sens le monde s'agiter frénétiquement, la violence s'attiser. C'est à ce moment que je commence à paniquer, vraiment.

Les premières nuit sans sommeil arrivent. Les journaux télévisés font leur ouverture en me comparant à des vedettes de *show-biz* cocaïnées. Les commentateurs multiplient les analogies entre les « lignes blanches » des courts et celles des rails de coke. Une équipe de *Paris Première* est envoyée à Miami Beach pour enquêter sur le *Dope Land* floridien. Cette médiatisation m'effraie ; je me retire de Facebook, où les messages sont incessants, et loin d'être compatissants. Heureusement que Twitter et Instagram n'avaient pas la place qu'ils ont aujourd'hui. Je n'ose même pas imaginer l'ampleur de ce qu'on appelle aujourd'hui le « *shitstorm* ».

Certaines réactions me blessent particulièrement... Parmi elles, Henri Leconte a été dans les premiers à prendre part à cette chasse à l'homme. On me rapporte les propos qu'il a prononcés sur une radio : « Quand on joue avec le feu, on se fait prendre. Qu'il assume les conséquences si, bien sûr, c'est confirmé. C'est dommage, il va briser sa carrière, qui était déjà entamée par beaucoup de blessures. Je ne cautionne pas, je suis contre et il doit assumer. » Il me désigne coupable, et déjà jugé. J'en ai été très déçu. Il m'arrive encore de le croiser, mais je ne lui ai reparlé qu'une fois, quelque temps après cette histoire. Ce que je lui ai dit ? « Imagine si, à ma place, il y avait eu ton fils ? Je n'aurais pas aimé avoir un père comme toi. »

De la part du reste du tennis français, j'aurais aimé plus de soutien. Même si je suis reconnaissant à Guy Forget et à Fabrice Santoro de m'avoir défendu, d'autres auraient pu en faire plus. Je pense notamment à Jo, Gilles et Gaël. Je n'ai jamais caché que leur comportement m'avait laissé amer ; je ne le cache toujours pas. Un peu plus tard, j'en avais reparlé à Gilles.

– Vous ne m'avez pas vraiment aidé à l'époque.

– Ah mais tu sais, c'était difficile, on ne pouvait pas faire grand-chose.

Je n'avais pas été convaincu par cette réponse. Parfois, la frontière entre « ne pas faire grand-chose » et abandonner quelqu'un est floue. Quelques semaines après, à la fin du mois de mai, je regarde d'un œil distrait l'édition de Roland-Garros dont j'ai été exclu. Lors d'une interview, un journaliste demande à Jo son avis sur l'interdiction qui m'a été imposée de fréquenter l'enceinte du tournoi – oui, je m'étais vu interdire l'entrée pour cause de suspension provisoire, comme si j'allais venir voir les matches, et qui sait, pourquoi pas bouffer au self et taper la discussion :

– Ça va, et toi ?

– Ouais, tranquille, tout va bien, j'ai le procès dans quinze jours...

Bref, c'était une mesure inutilement vexatoire sur laquelle Jo était interrogé. Il avait répondu, sèchement : « Ce sont les règles. » Ma mère regardait la télévision à côté de moi ; il y a eu un long silence dans le salon. Je lui en ai voulu, à Jo. Même les amis les plus proches ne semblaient pas me croire.

Ce qui a contribué à me calmer, c'était que je sentais que les gens, même s'ils ne me croyaient pas, ne pouvaient pas imaginer une seule seconde que j'avais voulu me *doper*. La plupart pensaient que j'avais fait l'imbécile durant une soirée. Personne ne peut décemment penser qu'un sportif se dope à la cocaïne : je ne sais pas qui serait le plus bête, entre la personne qui penserait cela et le tennisman qui déciderait d'en prendre pour améliorer ses performances. On ne m'enlèvera pas de l'esprit que cette drogue est plus récréative que dopante. En tout cas, et il me semble important de le préciser, il n'a jamais été question de nandrolone ou d'érythropoïétine (EPO) dans cette affaire. Si on en avait trouvé des traces dans mon corps, je me serais jeté dans le lac, c'est sûr.

En attendant, j'ai l'impression que tout le monde ne parle que de ça. La presse se montre plus insistante, s'étonnant des consignes de *black-out*, comme si le « camp Gasquet » s'isolait afin de peaufiner une défense plausible. Mais il n'y a pas de défense ! Je n'ai tout simplement rien à dire, et pas la moindre idée de ce qui a pu se passer. Je me retrouve acteur involontaire d'un polar... Nous décidons même d'envoyer un détective privé à Miami pour qu'il inspecte le Set et ses recoins. Avec mon agent, nous prenons rendez-vous avec la jeune femme que j'ai embrassée cette nuit-là, elle aussi de retour à Paris. Nous nous retrouvons dans un bar. Elle est plutôt sympathique, même si je sens bien qu'elle n'est pas ravie d'être embarquée dans une histoire pareille. Je lui pose les questions qui me hantent : « Tu as vu des trucs circuler ce soir-là ? » « Comment est-il possible que j'aie des traces dans le sang selon toi ? » Et elle de me répondre : « Je ne sais pas, je n'ai rien vu. » À la sortie de ce rendez-vous, je ne suis pas plus avancé et les avocats décident de porter plainte contre X pour administration de substances nuisibles. Tout comme moi, qui suis allé à Strasbourg pour en effectuer un, la jeune femme en question est alors obligée de se soumettre à un test capillaire qui, à partir d'un simple cheveu, permet de remonter le temps afin d'évaluer une potentielle consommation de substances – ainsi que la régularité de la prise. Il s'avère que cette jeune femme en était en fait une consommatrice régulière... ! De mon côté, rien à signaler. De ce dernier point, j'étais persuadé, mais ces tests achèvent de convaincre mes avocats de ma bonne foi. La thèse du baiser contaminant prend son sens. Dans mon malheur, j'ai la « chance » d'avoir rencontré une Française. Tout aurait été plus complexe s'il avait fallu demander à distance un test capillaire à une Brésilienne de Rio de Janeiro...

Pour être à la hauteur de ma défense qui vient de naître, je me mets aussi au *media-training*. Trois fois par semaine, durant une heure, au siège d'Havas. Il s'agit encore une fois d'une idée de Khiroun pour préparer mon passage au JT de TF1. L'émission fait partie des quelques rendez-vous médiatiques, avec *L'Équipe* et Europe 1, qui me permettront de prononcer mes premières paroles publiques depuis plusieurs semaines. Chez Havas, j'ai l'impression d'être un homme politique. On m'y fournit des éléments de langage ; je dois être capable de répondre à toutes les questions, même les plus saugrenues. Pour le journal de 20 heures, en direct, je suis terriblement stressé malgré cet entraînement. Heureusement, Claire Chazal est aimable. Elle me parle de son fils qui joue au tennis, et essaie de me mettre à l'aise. Cela marche plutôt bien.

J'aurais toutefois préféré un autre quotidien que celui que je mène, qui me traîne de la place Vendôme – chez les avocats – jusqu'au siège d'Havas, avec Ramzi, toujours Ramzi. Le reste du temps, je me terre chez moi. Lorsque je m'aventure dans la rue, des mecs en costume passent leur doigt sous leur nez, accompagnant le tout avec des bruits de reniflement. Décidément, cette drogue me suit partout.

Un soir, je sors au restaurant avec l'un de mes meilleurs amis ; deux couples sont attablés à côté de nous. L'un des deux garçons mime quelqu'un qui se drogue. Je reste calme. Je ne suis pas d'un naturel belliqueux et, surtout, j'ai déjà assez d'ennuis ; inutile de m'en créer de nouveaux en donnant de la matière aux rubriques de faits divers. Mon pote, lui, est plus libre de ses mouvements. Il se met nez à nez avec la personne en question et hurle : « Répète le geste que tu as fait, répète ! » Le gars se dégonfle et présente ses excuses. Vous parlez d'une soirée…

Même au Parc des Princes, où j'aime tant aller, je suis traqué. Un soir de défaite du PSG, je vois de ma place en tribunes un horrible tifo des Authentiks, où il est écrit : « Gasquet, de la poudre dans le nez… Bazin [le président d'alors], de la poudre aux yeux ! Investissez ! » Encore une fois, je suis blessé. Depuis tout jeune, je lisais les tifos, c'était une sorte de passion que j'avais à l'égard du monde des supporters. Ce soir-là, j'ai eu l'impression d'avoir été trahi. Les jours qui ont suivi m'ont plongé dans une plus grande tristesse encore.

Heureusement, tout le monde n'a pas été aussi humiliant à mon égard. Je peux même me vanter d'avoir, à cette même époque, fait l'objet d'un toast porté par John McEnroe, Mats Wilander et Yannick Noah. C'était en plein Roland-Garros, celui dont les portes m'avaient été fermées... Cocasse ! Un soir donc, je reçois un coup de fil de Julien Cassaigne, qui est alors agent chez Lagardère. Avec John, Mats, Yannick, et quelques amis du Racing, il entretient une tradition pendant Roland : le « dîner du Comité » qui les réunit tous les ans dans le même restaurant italien, le Stresa, près des Champs-Élysées. Puisque Julien appartient au groupe Lagardère – c'est lui qui me racontera cela plus tard –, les anciens l'interrogent sur mon cas : « Dis-nous, c'est quoi, l'histoire de Gasquet ? » Il la leur raconte : le petit qui n'a rien pris, la fille avec qui il a flirté en boîte de nuit, etc. Wilander le coupe : « *Call him now!* Appelle-le, tout de suite ! » Un quart d'heure après, je suis là et je les vois tous : je suis à deux doigts de pleurer de joie, car je ressens le plaisir qu'ils prennent à me voir – c'est palpable. Et le toast qu'ils me portent est touchant. Voilà trois légendes à mon chevet, qui ne font pas tout un fromage de cette affaire. J'entends cette phrase mythique de McEnroe : « Enfin un mec qui vit comme on vivait dans les années 80 ! » Je n'ai même plus envie de lui dire que je n'avais rien consommé ce soir-là.

J'ose réapparaître lors d'une sortie publique, au stade Jean-Bouin, juste à côté de Roland-Garros, toujours pendant le tournoi. Il s'agit d'un match de foot organisé par le Variétés Club de France, auquel participent quelques députés, dont François Hollande. C'est un match de préparation, avant un départ pour le Vatican où le VCF va être reçu par le pape en personne et disputer une rencontre contre les Gardes Suisses. Jacques Vendroux, le grand manitou du Variétés, me glisse : « Avec la bénédiction papale, tu vas pouvoir expier tes péchés ! » J'admets que l'idée de me faire pardonner par Benoît XVI en personne est tentante. Il reste à déterminer de quoi je dois être absous, mais c'est toujours bon à prendre. Pour le match en Italie, je joue avant-centre, avec au milieu, une brochette d'anciens talents – Puel, Karembeu, Rocheteau – qui m'offrent une myriade d'ouvertures de rêve. Je multiplie les courses vers l'avant. Mais il fait très chaud, et j'ai pris huit kilos depuis le début de l'affaire. Je suis énorme. Je bouffe n'importe quoi, bois deux litres de Coca par jour. Cela fait deux mois que je n'ai pas touché une raquette ni fait le moindre exercice physique. Je n'en ressens pas l'envie. Si ce match contre les Gardes Suisses me fait un bien fou, j'ai si mal à la tête que je suis obligé d'être remplacé.

Ridicule ; j'ai presque honte. À côté de moi, les mecs se marrent : « Mais c'est quoi, ce physique ? »

Effectivement, j'ai le physique de quelqu'un qui a été emmuré vivant. Deux ans de suspension planent sur moi ; cela sera décidé au terme d'un procès de deux jours qui s'ouvrira à Londres, au beau milieu de Wimbledon, dans un immeuble de la City. Ce procès peut m'envoyer en retraite anticipée : j'ai du mal à me convaincre que je pourrai reprendre le circuit après deux ans d'arrêt. Je flippe sacrément. J'avais été prévenu que le procès serait long. Et il l'est : dix heures par jour... ! J'entre dans la salle et la première chose que je me dis, c'est : « Ce n'est pas possible, on dirait que j'ai tué quelqu'un... » Autour de moi, un décorum d'assises : trois personnes au centre de la salle sont convoquées pour mener à bien le jugement – un avocat qui fait office de président, un médecin et un expert scientifique composant le tribunal antidopage de l'ITF. Tout cela pour deux grains de sel de coke... C'est grotesque, mais le mauvais « nanar » continue. Je ne peux pas être plus tendu : engoncé dans mon costume-cravate qui rend la chaleur insupportable, je subis de longs débats techniques en anglais. Pendant une heure d'interrogatoire sarcastique, l'avocat de la partie adverse (« un vrai con », je n'arrête pas de me le répéter intérieurement) cherche évidemment à me piéger à chaque phrase, sur les faits, les heures du soi-disant « crime » ; mais je sais exactement ce que j'ai fait et je suis – excusez-moi la métaphore tennistique – « indébordable ». Nous arrivons enfin à la thèse de l'absorption involontaire, celle du baiser, qui est le point crucial. Notre toxicologue le confirme : « Oui, à ce taux-là, cette thèse est envisageable. » Le juge pose la même question au toxicologue de l'ITF, qui reconnaît également que cette piste pourrait tout expliquer. L'ensemble des juges constatent donc que cette thèse est scientifiquement plausible. Cela n'empêche pas que je doive, à la fin du procès, sortir par une porte dérobée à la manière d'un coupable afin d'éviter les flashes d'un photographe qui a réussi à dénicher l'adresse du lieu tenu secret. Mais à ce moment, je suis persuadé que j'ai gagné. Je reste dans l'attente du verdict qui doit tomber quinze jours après les délibérations.

Ce sont deux semaines de tension insoutenable. Ma mère est avec moi et, ensemble, nous envisageons tous les scénarios : « Tu n'as rien à te reprocher, mais si tu dois t'arrêter un an, eh bien, ça ira, tu verras… » Pour tuer le temps, je rentre à la maison, à Béziers. Une bonne surprise m'y attend : Læticia Hallyday nous a envoyé trois places pour assister au concert de Johnny au stade de la Méditerranée. Je connais bien son frère, Grégory Boudou, qui tient une boîte de nuit au Cap d'Agde. Et Lætitia est adorable d'essayer, à sa manière, de nous distraire. Elle nous emmène même voir Johnny dans sa loge avant le concert. Pour mes parents, c'est une idole. Je me souviens encore des yeux ébahis de mon père en train de regarder Johnny se préparant pour le concert : un moment très émouvant.

Je suis tout aussi impressionné ; il faut dire que, dans la catégorie « star », Johnny est au sommet. Je suis un peu surpris par sa première phrase : « Ah, Richard, ça fait plaisir de te voir. Moi, j'ai arrêté la cocaïne, ça me donnait des palpitations au cœur. » Je suis au fond du trou, et j'entends le taulier du rock'n'roll, rigolard, tourner gentiment mon affaire en dérision. Dans ces périodes-là, ces remarques valent de l'or. Son clan s'est montré d'une tendresse rare durant ces quelques jours, passés autour de multiples repas, comme si nous nous connaissions depuis toujours. Cela nous a fait du bien à tous. Je ne pouvais pas m'empêcher de penser qu'au pire moment de ma vie, j'avais rencontré le pape, et Johnny.

Quelques jours plus tard, le verdict tombe : je suis coupable. Il s'agit d'un jugement nuancé puisque je bénéficie d'une sanction clémente : une suspension de deux mois et demi avec la possibilité de rejouer dès le 15 juillet. Je suis délesté d'un poids. Seulement, l'AMA et l'ITF ont quinze jours pour faire appel – et, évidemment, ils usent de ce droit le soir du quatorzième jour, comme s'ils prenaient plaisir à diffuser leur poison lent. Alourdi, j'avais recommencé à m'entraîner, un peu, à Aix-en-Provence. Le contrecoup de l'appel m'arrête net pour encore quatre jours. Le stress est vite revenu. L'épée de Damoclès sera présente jusqu'au procès au Tribunal Arbitral du Sport, en novembre à Lausanne. Je vis un calvaire sans fin. En attendant, il faut tout de même que je joue, puisque j'y suis autorisé ; j'ai la bonne surprise de voir que des propositions de *wild-cards* m'arrivent du monde entier. Tous les tournois pour lesquels je n'avais pas pu m'inscrire pendant ma suspension temporaire veulent m'inviter. Je reçois un appel de Michael Stich, le grand champion allemand devenu directeur du tournoi de Hambourg. Le circuit me tend la main ; c'est un bon signe. Personne ne me fera aucune remarque dans le vestiaire.

Mais, au vu de mon état général, je préfère décaler mon retour au 23 août, au tournoi de New Haven aux États-Unis, que je prépare en allant m'entraîner avec Fabrice Santoro une semaine aux Hamptons, dans la banlieue cossue de New York où Arnaud Lagardère possède une propriété. Je suis content de taper à nouveau dans une balle, mais je suis si loin de ma forme habituelle qu'il est impensable d'avoir de bonnes sensations sur le court. Je suis mentalement absent. À mon retour, je me débrouille mystérieusement pour gagner contre Michael Rubin au 1er tour des qualifications. Le fait qu'il soit 912e mondial joue sans doute en ma faveur. Je suis ensuite éliminé par Dušan Vemić (459e) parce que je peux à peine marcher. La semaine suivante, le tirage au sort, taquin, m'offre Rafael Nadal au 1er tour de l'US Open. La défaite expéditive était annoncée (6-2, 6-2, 6-3 en 1 h 41), mais je suis content de jouer face à l'une des rares personnes qui ont publiquement et courageusement pris mon parti dès le début de cette affaire. « D'un point de vue technique, ce n'est paradoxalement pas si mal au vu du score, déclare mon coach Éric Deblicker à *L'Équipe* après le match. Mais il y a encore plein de nœuds à défaire chez Richard. »

Tu parles de nœuds ! Je me demande aujourd'hui si je n'ai pas souffert à l'époque d'un stress post-traumatique causé par cette affaire invraisemblable.

Comme il a soutenu beaucoup de joueurs dans sa carrière par sa belle capacité d'écoute, le médecin de la FFT, Bernard Montalvan, a joué un grand rôle dans ma remise en forme ; il a été, pour moi, comme une sorte de psychologue, plein d'humanité. Nous avions, durant ces mois compliqués, beaucoup échangé, notamment lors de promenades au bois de Boulogne. Il m'encourageait à me battre : la vérité allait éclater. Mais on aurait pu et sans doute dû m'accompagner davantage, psychologiquement parlant, pendant cette épreuve. Dans ce domaine, je n'ai reçu aucun accompagnement, pourtant j'étais en perdition ; on ne pouvait pas ne pas le remarquer. Alors je me suis aidé tout seul. À cette époque, j'ai peur de tout. Après la boulimie des premières semaines, j'ai du mal à manger. Dans chaque plat qui m'est servi, j'imagine qu'il peut se cacher une substance nocive. Cela devient une véritable phobie. Chez les sportifs, il est courant de faire attention aux bouteilles dans lesquelles on boit à l'entraînement ; mais cette précaution n'existe pas pour la nourriture... Un jour, alors que je déjeune avec Pierre Barthès à Vaucresson, je lui demande, paniqué : « Commande ce plat, mais c'est moi qui vais le manger... » Il a dû me prendre pour un fou. Je me surprends à tenter de faire diversion au cas où quelqu'un essaierait de contaminer mon assiette. J'échange les fourchettes, les couteaux. Je pars complètement en vrille, je me sens comme en *bad trip* constant. J'ai peur de tout, et je pense que puisqu'il m'est arrivé n'importe quoi, tout peut désormais m'arriver... Il me faudra au moins six mois pour oser embrasser une fille. Et plus de temps encore pour supporter les contrôles anti-dopage.

Même après le dénouement de l'affaire, des séquelles sont encore présentes. À partir du début d'année 2010, je ne dors plus. Six mois d'insomnie. J'ai joué de nombreux matches avec moins de deux heures de sommeil au compteur... Durant l'US Open 2010, avant mon premier tour contre Simon Greul à 11 h, j'avais éteint les lumières à 22 h. C'est ce que je fais quand je suis programmé pour un match du matin. Et tout d'un coup, j'entends Toni Nadal parler fort dans les couloirs. Je me réveille en sursaut, quand même étonné que Toni fasse autant de bruit à 3 h du matin. Je regarde le réveil, qui affiche... 22 h 25 ! Je n'avais même pas dormi vingt minutes. Je ne m'étais finalement rendormi qu'à 5 h 30, pour un lever à 7 h. J'avais gagné, malgré tout. Près de dix-huit mois après le début de l'affaire, certains démons me poursuivaient toujours.

Le clap de fin se fait finalement entendre en novembre 2009, durant le tournoi de Bercy auquel je ne participe pas pour pouvoir répondre à la convocation du Tribunal Arbitral Sportif de Lausanne. Je traverse cette dernière épreuve avec le soutien de cinq avocats, un agent et un conseiller spécial. Juste avant d'arriver, je suis dans la voiture avec mon avocat Jean Veil, qui est aussi, entre autres, celui de Jacques Chirac. Les deux hommes se parlent au téléphone. Jean dit à Chirac qu'il est avec moi et se tourne dans ma direction : « Le président vous passe le bonjour ! » Quand il raccroche, je l'interroge : « Lui aussi, il est stressé quand il fait appel à vous ? » « Oui, un peu, mais moins que toi ! » C'est vrai, je ne respire plus. C'est pire qu'à Londres : je sais exactement ce qu'il va se passer pendant l'audience puisque je l'ai déjà vécu. Mais, quinze jours plus tard, c'est l'heureux épilogue : je suis innocenté. Le TAS m'exonère de toute faute ou négligence. La quantité de cocaïne retrouvée dans mes urines est si faible qu'elle ne pouvait être que le résultat d'une *exposition fortuite*. Et comme il a été clairement établi que je n'étais pas un consommateur, la contamination est devenue l'explication la plus plausible. Les dix semaines de suspension auxquelles j'ai été confronté ne figureront pas, en outre, dans mon « casier judiciaire » sportif. Sans compter que le TAS a statué, à l'unanimité, sur le fait qu'embrasser une femme dans une boîte de nuit la veille d'une compétition ne pouvait être retenu comme une négligence. Cette affaire m'aura tout de même permis de mesurer jusqu'où l'absurde peut aller se nicher.

Quelque chose m'a échappé dans le mécanisme infernal qui s'est mis en branle, ne s'arrêtant jamais, brassant le « n'importe quoi » à l'infini. Et rien ne m'a été épargné. J'ai tout entendu, toutes les hypothèses ont été faites sur mon compte. Que serait-il arrivé à un joueur anonyme épaulé par un avocat lambda ? Innocent ou pas, il se serait fait « découper ». Voilà ce qui m'a le plus choqué.

Moi, je connaissais les bonnes personnes et j'avais 800 000 livres à investir dans ma défense. Pas loin du million d'euros, en effet, voilà ce que m'ont coûté ces accusations ; et cette somme ne m'a pas immunisé contre la violence médiatique.

La couverture dont l'affaire a fait l'objet était tellement disproportionnée ! Khiroun m'avait prévenu : « Tant que tu seras présumé coupable, il y aura des pages et des pages. Quand tu seras acquitté, tu auras le droit à une demi-ligne. » Le jour où je passe sur Canal+ avec Arnaud Lagardère pour mettre un point final à cette histoire, le même Khiroun me dira aussi : « Mets une chemise blanche, c'est le symbole de la pureté. »

Quelques jours plus tard, je me décide à sortir de nouveau pour fêter cette victoire d'un nouveau genre pour moi. Après tout ce temps, je me dis que cela pourrait être une bonne rééducation... À deux heures du matin, en boîte, un homme vient me voir, l'air tranquille, et me demande : « T'as pas un peu de cocaïne ? » Je le regarde, puis je jette des coups d'œil un peu partout autour de moi, persuadé qu'il s'agit d'une caméra cachée. Mais le gars insiste : « T'es sûr, tu n'en as pas ? » Plus les heures avancent dans la nuit, plus ils sont lourds ; c'en est trop. L'ami qui m'accompagne vient me secourir, et prend l'obstiné par le cou. Celui-ci insiste : « C'est un enculé, il prend de la cocaïne ! » La sanction tombe : coup de tête de mon ami, et l'homme finit avec l'arcade en sang. Je mets fin à la soirée en l'empoignant pour les séparer et pense : « Je vais encore attendre un peu avant de sortir. Je ne suis pas mûr. »

En fait, je ne suis pas tellement plus mûr sur les courts. Sportivement, avec le recul, j'estime que je n'ai véritablement retrouvé mon niveau qu'en 2011. Presque deux ans de perdus. Face à ce constat, que faire ?

Seb et Sergi, juste un peu tard

Je l'ai déjà écrit en évoquant mes crises passagères, mais j'ai eu souvent le sentiment de ramer seul. Il m'a manqué, au début de ma carrière professionnelle, un grand coach. Quelqu'un qui *sait* vraiment, qui a l'expérience du haut niveau, et maîtrise l'éventail de compétences nécessaire à l'accompagnement des meilleurs espoirs, du mental à la gestion technique et tactique des matches. C'est à ce moment-là, en début de carrière, que j'en aurais eu le plus besoin. Cela en aurait sûrement bouleversé le cours. Aujourd'hui encore, cet état de fait reste un grand regret, une immense frustration.

J'affirme cela avec d'autant plus de certitude que j'ai analysé les premiers pas sur le circuit de Carlos Alcaraz, l'espoir espagnol guidé par Juan Carlos Ferrero, l'ancien vainqueur de Roland-Garros. En les voyant tous les deux, je m'étais dit que ce tandem réussirait forcément. Je l'avais prévu bien avant que Carlos ne parvienne en quart de finale de l'US Open en septembre 2021 et ne défraye la chronique en remportant le Masters 1000 de Miami. Il est certain que Ferrero a fait gagner trois ans à ce jeune joueur. Alcaraz, je l'envie : il jouit d'un trésor inestimable... Je suis persuadé de ce que j'avance, parce que j'ai eu la chance de travailler avec des entraîneurs de ce calibre et de mesurer directement leur apport à mon jeu. Dommage, c'était un peu tard...

Après le départ d'Éric Deblicker en 2008, et l'affaire du contrôle positif à la cocaïne en 2009, je vis une période de flottement de deux ans avec Guillaume Peyre et Gabriel Markus, un entraîneur argentin. C'était une fausse bonne idée. On voulait changer, voir autre chose, se confronter à une autre culture, mais le *timing* n'était pas bon : c'était une période de reconstruction pour moi. J'ai recommencé à bien jouer à partir de mars 2011, sous la conduite du binôme Sébastien Grosjean et Riccardo Piatti. Ces deux-là sont complémentaires. « Seb », je le respecte car j'ai grandi en le voyant faire de très beaux résultats ; Riccardo, lui, prend de la distance, adopte une posture plus paternelle. Avec Sébastien Grosjean, je n'ai que huit ans d'écart.

La première fois que nous avions tapé dans la balle ensemble, ce devait être au printemps 1999, à Sophia Antipolis, alors que je venais de gagner les

Petits As et que l'on m'avait fait jouer, sans doute par curiosité, contre l'un des meilleurs Français de l'époque. Il avait été surpris, je me souviens, par ma capacité à tenir la diagonale revers, ainsi que mon « coup d'œil », qui me permettait d'endurer des échanges avec des joueurs bien plus physiques que moi. Nous nous étions ensuite côtoyés sur le circuit, en Coupe Davis, et avions noué une belle relation enrichie, donc, par son implication à mes côtés en tant qu'entraîneur. Il savait ce que j'étais en train de vivre car il l'avait expérimenté lui-même : la pression qu'un joueur de haut niveau ressent durant une rencontre, le contexte qui entoure les demi-finales de Grand Chelem, les mauvaises périodes physiques ou mentales et les cycles qui repartent à la baisse sont des paramètres très délicats à appréhender.

Sébastien est également très calé sur les aspects techniques du tennis. Il me disait notamment : « Contrôle les événements, prends les choses en main, mets de l'intensité même si ça ne fonctionne pas. Il vaut mieux faire rater l'autre qu'attendre qu'il ne rate. » À l'époque, Sébastien Grosjean est un jeune coach de 33 ans, il démarre sa nouvelle carrière ; cette transformation n'est jamais évidente. Il s'est mis à mon service à 100 %... Tout le monde se moque des états d'âme d'un entraîneur. Quelques mois plus tôt, pourtant, Sébastien était, en tant que joueur, au centre de toutes les attentions. Il me semble qu'il a bien réussi cette métamorphose, qui demande de mettre son ego de côté. De l'ego, certains anciens en ont tellement qu'ils n'arrivent pas à faire le deuil de leur propre carrière ; c'est terrible. Lui a passé cette transition avec l'envie d'aider d'autres joueurs dans leurs faiblesses. Être accompagné d'anciens grands joueurs permet de régler de petits tracas par de simples témoignages : « Lorsque j'étais dans ta situation, je faisais ceci, ou bien cela... » Parmi les vétérans du tennis français, tout le monde n'a pas eu ce sens du dévouement ; il faut bien du courage pour s'engager à nouveau sur le circuit après une carrière de plus de quinze ans ponctuée d'innombrables voyages derrière soi.

La seule déception que j'aie connue pendant le temps que j'ai passé avec Sébastien ne lui est pas imputable. Elle vient du coach avec lequel il travaillait en duo, Riccardo Piatti. Tout se passait très bien... jusqu'au moment où celui-ci m'a annoncé en plein Masters 2013 sa décision d'arrêter notre collaboration. Le moment était mal choisi : je venais de disputer et de perdre mes deux premiers matches contre Djokovic et Federer, et, surtout, j'étais à la veille d'une rencontre contre del Potro pour le dernier match de la poule. Il s'agissait quand même du plus haut niveau des tournois ATP, qui vient récompenser une belle année par une deuxième participation au tournoi des Maîtres. Et Riccardo Piatti m'annonce cela brutalement... Un comportement absolument dingue ! Je n'ai toujours aucune idée des raisons qui ont motivé sa décision, alors qu'il lui suffisait d'attendre un jour – et la fin de mon tournoi – pour m'annoncer qu'il préférait rejoindre le joueur canadien Milos Raonic. Quelques jours auparavant, un de mes proches l'avait sondé pour savoir comment il se projetait sur l'année suivante, ce qu'il fallait préparer en amont pour que l'équipe soit correctement organisée ; il avait senti Riccardo un peu gêné. Mon ami avait alors parlé de cette vague impression à mon agent, Nicolas Lamperin, qui avait dû vouloir mettre les choses au clair avec l'Italien. On imagine la suite sans peine : ce dernier avait paniqué et décidé de me parler immédiatement, en pleine compétition. Un vrai vaudeville... Je n'avais rien contre le fait qu'il aille voir ailleurs, et je n'avais strictement rien à lui reprocher sur le travail accompli depuis deux ans. Mais choisir ce moment-là, c'était complètement déplacé. J'étais étonné, dépité... et très déçu. La seule chose que j'aie pu lui dire, c'était que ça ne servait à rien qu'il reste à Londres pour la fin du tournoi ; qu'il pouvait partir. Riccardo a raté sa sortie. Je n'en ai pas été profondément affecté puisque l'histoire a montré que c'était un mal pour un bien : peu de temps après, Sébastien Grosjean – qui restait à mes côtés – a eu la très bonne idée de solliciter Sergi Bruguera, qu'il connaissait bien puisqu'ils habitaient tous les deux à Barcelone à l'époque.

Lorsque l'on évoque Sergi Bruguera, on parle d'un coach qui s'est hissé au plus haut niveau possible. Sergi, c'est une présence, un *feeling*, une personnalité, un investissement permanent et un charisme qui rejaillissent sur le projet du joueur pour lui donner une envergure inédite. Pour lui, il n'y a rien d'autre que le tennis qui compte. Chaque minute de sa vie est dédiée à ce sport… ! Quand on prend le risque de l'appeler pour un débriefing ou une analyse, il faut avoir au moins une heure devant soi. À son époque, il s'était démarqué par ses compétences redoutables sur terre battue et avait su traverser avec rage les années Muster – le terrible Autrichien au physique d'acier. Quand il avait gagné une première fois Roland-Garros, en 1993 (avant de reproduire cet exploit l'année suivante), il avait réussi, au cours du tournoi, à remporter trente et un jeux d'affilée. J'avais alors sept ans. Je n'étais pas forcément fan du joueur, mais sa finale contre Courier en cinq sets m'avait marqué. Plus tard, on l'avait un peu revu, les cheveux plus longs, sur le Senior Tour ; un look étrange, proche de celui d'un conquistador. Il était pourtant diminué par sa cheville qu'il avait laissée sur le terrain de son club de foot amateur *Esquerra de L'Eixample*, où il taclait, disait-il, « comme en *kick-boxing* ». En bref, il ne plaisantait pas. Entre l'arrêt de sa carrière en 2002 et son retour aux affaires avec moi, fin 2013, il avait disparu du monde du tennis, sûrement épuisé par ce sport qu'il avait pratiqué furieusement, pour s'occuper d'une institution pour déficients mentaux et devenir visiteur de prison.

C'est un coach complètement régénéré que j'ai retrouvé. Une grande et belle découverte. Sergi connaissait le jeu comme personne. Ce que pense l'adversaire, la vitesse à laquelle il joue, l'intensité qu'il va déployer à tel ou tel moment, la faille qu'il aura à tel autre instant, et ce que moi je devrais mettre en place, quand je devrais frapper fort ou plus doucement, et le moment exact pour avancer. Rien de tout cela ne lui échappait. C'est cet équilibre délicat qu'il m'a apporté. J'ai aussi appris, à ses côtés, à essayer de prendre plus tôt les retours de service et à décupler mes efforts physiques, particulièrement sur le haut de mon corps. Le jeu en lui-même, il le connaissait mieux que moi. Je n'ai jamais ressenti cela avec quelqu'un d'autre. Quand j'allais voir des matches avec lui, il me racontait ce qui allait se passer, il anticipait sans se tromper sur les jeunes qui allaient exploser. Il voyait le tennis comme personne. En mon for intérieur, je me disais souvent : « Ah oui, là, quand même, c'est très fort... »

Il me faut aussi décrire son influence pendant les matches. Il me coachait à chaque instant. Les règles de l'ATP interdisent théoriquement le coaching pendant les rencontres. Un entraîneur n'a absolument pas le droit de parler à son joueur, ni de lui faire des signes, pour le conseiller. Mais Sergi s'en moquait : « C'est ridicule, il faut changer. C'est le seul sport au monde où l'entraîneur ne peut rien dire, clamait-il. Cela nous empêche de faire notre travail. Pour moi, cela revient à interdire quelque chose qui permettrait d'améliorer le jeu. Imagine un joueur qui craque mentalement et qui balance son match. Quel est l'intérêt pour le public ? »

D'ailleurs, tous les coachs espagnols le font. Juan Carlos Ferrero le fait avec Carlos Alcaraz ; Toni Nadal ne s'en est jamais privé avec Rafa. Quand je l'affrontais, je savais exactement où allait servir Nadal sur une balle de break. Je regardais son oncle en train de parler, et sans vraiment comprendre mot pour mot ce qu'il disait, l'habitude me permettait de saisir l'essentiel. À chaque fois cela se déroulait comme je l'avais anticipé. Bon, cela ne m'a pas vraiment servi…

Sergi, donc, me portait « à l'espagnole » pendant les matches. En gestes et en paroles. Malgré de nombreux avertissements reçus des arbitres et les amendes que j'ai dû payer à cause de lui, Sergi m'a fait gagner des rencontres rien qu'avec son attitude. C'est justement parce qu'il me bousculait, qu'il voyait le moment précis où il fallait que je me relance. Quand il sentait la bascule, le vrai instant-clef du match, là, il pouvait me secouer, parfois méchamment : « Bouge-toi ! », ou encore « Attitude ! », « Frappe plus fort ! ». Il me parlait tactique aussi, en me disant tout simplement de quel côté servir, par exemple. Il fallait le voir planter des banderilles avec ses gros yeux et ses gestes exaltés. Bruguera voulait qu'on le laisse vivre le tennis, à la vie à la *muerte*. Un véritable possédé.

J'ai le souvenir d'un match à Roland-Garros en 2016, en 8e de finale face à Kei Nishikori, au moment de l'interruption pour cause de pluie ; le Japonais mène 4-2. On ne peut pas dire que mon début de match ait été pleinement réussi. J'en ai la confirmation immédiate en voyant débarquer Sergi aux vestiaires. Il me secoue. Très fort. « Tu joues à deux à l'heure, c'est nul ! Frappe plus fort, sinon tu vas revenir dans une heure et demie et tu auras perdu, il n'y aura pas eu de match. » Je n'ai pas été tout de suite convaincu par ses arguments, mais disons qu'il savait les faire valoir. C'est grâce à ceux-ci que j'ai fini par gagner le match pour enfin atteindre les quarts de finale à Roland. Bruguera a su faire avec moi, il a su trouver les bons leviers à actionner. Il m'a tellement marqué que, en septembre 2018, lors d'un match de Coupe Davis à Lille face à l'Espagne dont il était devenu le capitaine, je n'ai pas été capable de jouer. Yannick Noah m'avait sélectionné, mais je ne me sentais pas de disputer un match sous ses yeux et « contre » lui. Noah, qui avait tout compris, avait parlé à ses proches pendant le week-end de ma « bruguérite aiguë ».

Plus tard, quand Julien Cassaigne est venu m'accompagner comme entraîneur en fin de carrière, il avait appelé l'Espagnol pour qu'il lui donne un ou deux conseils. Sergi lui avait répondu : « Quand Richard te regarde dans le box, il faut qu'il ait l'impression que tu joues le match avec lui. » C'est le meilleur conseil qu'on aurait pu donner.

Grâce à Sébastien Grosjean, Riccardo Piatti et Sergi Bruguera, j'ai réussi à relancer une carrière qui avait patiné après les grosses secousses de 2009. Il m'aura fallu presque deux ans pour repartir du bon pied. Ce « retour » s'officialise au tournoi de Rome en 2011, lorsque je bats Roger Federer en 8e de finale. Ce n'est jamais neutre d'éliminer un tel phénomène, surtout quand il a gagné les dix premiers points du match et s'envole vers la victoire en menant 6-4, 4-2. Je me souviens d'avoir pris les choses comme elles venaient. Federer jouait trop vite, trop bien ? Qu'importe, j'avais juste arrêté de me poser des questions existentielles : j'avais joué mon jeu et fini par l'engluer. Un vrai moment de simplicité ! J'avais d'ailleurs enchaîné sur un Roland-Garros sympathique et fondateur, d'une certaine manière. Pour la première fois depuis 2005, je parvenais à atteindre le troisième tour, ce qui m'a fait beaucoup de bien après ces six années sans l'ombre d'une émotion dans le berceau du tennis français. J'y avais affronté sur le court Suzanne-Lenglen – mon court préféré à Paris – le Brésilien Thomaz Bellucci, un très bon joueur de terre battue qui venait d'atteindre la demi-finale du tournoi de Madrid. L'ambiance était géniale, avec un public de connaisseurs prêts à me soutenir jusqu'au bout, et euphoriques au moment de la victoire. L'alchimie m'avait porté. Ce fut un moment vraiment à part, presque hors du temps : l'un des premiers matches de ma carrière où j'ai réussi à extérioriser mes émotions. C'est le début de mon « retour », le début d'autre chose.

Quelques autres moments de bravoure ont suivi. Je pense notamment à ce quart de finale de l'US Open 2013 face à David Ferrer – l'une de mes bêtes noires –, qui menait alors huit à un dans nos confrontations précédentes. Je n'aimais pas jouer contre celui que l'on appelait le « pou » – car il s'accrochait à ses adversaires pour ne jamais lâcher son étreinte, et leur infligeait des rallyes que sa résistance physique hors norme lui permettait d'enchaîner sans commettre de faute. Lors de mes défaites face à lui, je n'avais d'ailleurs pas réussi à lui arracher le moindre set. De surcroît, au tour précédent, je m'étais déjà épuisé pendant 4 h 40 pour éliminer Milos Raonic, en sauvant une balle de match au passage, et là encore en cinq manches. Mais cette fois-ci, j'allais triompher contre Ferrer. Et au *forceps*, en cinq sets.

Pourquoi avais-je gagné, alors même qu'après avoir bien démarré la rencontre, je m'étais fait remonter de deux sets, et que l'issue du match semblait évidente pour tout le monde entre ce Ferrer inoxydable et ce Richard soi-disant trop tendre ? Parce qu'au début du cinquième set, je me suis dit : « Cette fois-ci, tu ne perds pas. » Quelques semaines plus tôt, en 8e de finale de Roland-Garros, j'avais vécu – et perdu – un match homérique contre Wawrinka en m'inclinant 8-6 au 5e set. Un spectacle de toute beauté, certes, mais gâché par une immense frustration... Il était hors de question de revivre ça. Alors j'y ai cru. Parce que j'étais prêt, tout simplement ; je jouais bien à nouveau : physiquement et techniquement, j'étais au niveau des dix meilleurs mondiaux. Je pouvais tenir longtemps contre des joueurs de cet acabit. Je savais que Ferrer n'allait pas descendre au-dessous d'un certain seuil dans le rythme imposé ; mais j'étais persuadé que, cette fois-ci, j'avais l'énergie pour tenir les quatre heures requises par cette cadence folle, et la capacité de varier les coups malgré l'effort physique.

Pour la première fois de ma carrière, je remportai deux matches d'affilée en cinq sets, pour retrouver une demi-finale en Grand Chelem, six ans après celle de Wimbledon. En 2007, je m'étais qualifié en battant Andy Roddick, comme traversé par un état de grâce. Cette fois-ci, face à Ferrer, le match avait été plus construit.

En 2015, pour ma troisième présence dans le dernier carré d'un Majeur, à Wimbledon, la victoire en quart contre Stan Wawrinka – avec un 11-9 dantesque au cinquième set – avait relevé d'une autre logique, que l'on pourrait résumer simplement par : « une bataille de revers ». Ce fut un défi phénoménal, se jouant presque exclusivement sur la diagonale de revers, avec une prime donnée à celui qui bluffait le premier en frappant le long de la ligne. Ç'avait été un match chimiquement pur du point de vue tennistique, une de ces rencontres qui marquent les gens, qui prennent une autre portée dès lors que le dernier point a été joué. Je n'avais d'ailleurs même pas eu le temps d'apprécier ce moment puisque, à peine rentré au vestiaire, il s'agissait déjà de préparer la demi-finale face à Djokovic. Le lendemain, j'avais croisé Drake, le rappeur, qui accompagnait Serena Williams. Je lui avais demandé une photo mais c'est lui qui s'était montré le plus admiratif : « Bravo pour hier, j'ai regardé tout le 5e set. » Venant d'une star mondiale, cela faisait drôle ! Difficile de choisir un meilleur exemple pour décrire l'envergure sportive que j'ai atteinte, pour le meilleur et pour le pire, entre 2011 et 2016...

BIG 3, le mur

Ils ont *tué* tout le monde. Roger Federer, Novak Djokovic et Rafael Nadal. Avec eux, le tennis a abandonné toute rationalité pour entrer dans une dimension parallèle. J'ai fini par me demander si, finalement, leur mainmise n'avait pas desservi notre cause de tennismen, tant ils ont banalisé l'exploit. Ce qu'ils ont réalisé est inimaginable – mais plus personne ne semble s'en rendre compte. Comment exister face à eux ? Une myriade de joueurs semble avoir été réduite au statut de *losers* malgré des parcours plus que respectables... C'est un sentiment brutal, une situation difficile à gérer.

David Nalbandian, Marat Safin ou Andy Roddick, pour ne citer qu'eux, ont été marqués au fer rouge par Federer. Ils ont stoppé, à mon avis, leur carrière assez tôt car ils ne pouvaient plus supporter la domination du Suisse. Puis sont arrivés Nadal et Djokovic, qui ont sans doute annihilé les ambitions des joueurs de *toute* ma génération. C'était mentalement éprouvant. Ils ont tout bloqué sur plus de quinze ans, sans ouverture.

Avant eux, dans les tournois du Grand Chelem, il était possible de respirer le temps d'un match, avec l'espoir de tomber face à des Verkerk, Henman ou Gaudio, lors des derniers tours qui offraient une place en finale. Notre génération n'a jamais respiré ; chaque joueur a passé sa carrière à être comparé à ce trio. « Eux, ils font ceci, eux, ils font cela, alors pourquoi pas toi ? » Après son titre à Roland-Garros, Nadal enchaîne et fait la fête jusqu'à cinq heures du matin avant de s'entraîner, dès 16 h le lendemain, sur le gazon du Queen's ou de Halle et de gagner le tournoi à nouveau. Alors, pourquoi pas toi ? Et, si Federer est encore au top à trente-neuf ans, tu ne trouves pas qu'à trente-cinq ans, tu es bien trop jeune pour te plaindre ? On pourrait multiplier les exemples. Ces monstres sont incomparables.

De ma jeunesse, avec ma rivalité contre Nadal dès les Petits As, à la fin de ma carrière marquée par la comparaison avec ce Federer quadragénaire, on ne m'a jamais laissé tranquille. Je crains même de devoir arrêter ma carrière avant « Rodgeur ». Il n'y a pas eu un jour où je ne me sois pas posé les questions :

« Que s'est-il passé pour qu'ils deviennent de tels phénomènes ? » « Pourquoi eux ? » Je ne suis pas sûr d'avoir les réponses. C'est irrationnel d'être aussi fort. Imiter Nadal et ses 13 titres de Roland-Garros – treize ! – relève de l'impensable. À quoi bon réfléchir à ce qui est incompréhensible ? Il faudrait, plus tard, les disséquer et donner leur corps à la science pour trouver une réponse. Malgré tout, c'est très difficile à accepter : je suis bon, mais je ne suis rien face à eux.

Au fil des années, le *Big 3* n'a eu de cesse de progresser ; avec le temps, il se sont mieux déplacés, ont mieux récupéré, ont amélioré leur technique et la puissance de leurs coups. Federer a, en l'adaptant à un jeu de demi-volée, peaufiné son revers pour en faire une machine de guerre, légère et pourtant destructrice. Nadal a révolutionné – entre autres – son jeu vers l'avant, appris à frapper la balle encore plus vite et encore plus fort. Djokovic s'est bâti une technique invulnérable, sans l'ombre d'une faiblesse. Voilà ce qui les différencie des autres : leur capacité inouïe à progresser. Je ne dis pas que les autres n'ont pas évolué, mais aucun autre joueur n'a réussi à emprunter une trajectoire si constante. Le circuit évolue à petits pas, pendant qu'eux font des pas de géant.

Roger, Novak et Rafael ont montré qu'ils étaient les champions ultimes par leur volonté inégalable d'être en constante recherche. Arriver à trouver, année après année, les leviers à activer pour devenir toujours plus démoniaque, c'est cela qui définit le mental du champion. Certains ont tenté d'expliquer leur *ultra*-domination par le ralentissement des surfaces ou par l'uniformisation des terrains de jeu, qui ont pu désavantager les grands attaquants et les serveurs impitoyables. Pour moi, cette explication ne tient pas la route. C'est ce que j'avais tenté d'exprimer lors d'une interview : j'avais dit que ces trois-là gagneraient toujours, même sur un tapis de bain – parce que leurs ressources, leur volonté inextinguible et leur talent leur auraient permis, là encore, de s'adapter.

Moi aussi, je me suis fracassé contre ce mur, à pleine vitesse et sans protection. J'étais marqué par cette spécificité que j'ai déjà mentionnée d'être « né » la même année que Nadal – le cauchemar. Sur le circuit principal, j'ai été opposé cinquante-deux fois à cette hydre à trois têtes. Je n'ai gagné que... trois fois. Les résultats de ces confrontations directes font froid dans le dos. 17-0 pour Nadal ; 19 victoires pour Federer contre 2 à mon actif ; 13-1 en faveur de Djokovic. Mon unique victoire contre le Serbe remonte à novembre 2007, lors d'un match de poules au Masters ; depuis 2007, je ne lui ai plus pris un set. La dernière manche que j'aie arrachée à Federer date de 2011. Je reste, en Grand Chelem, sur une série de 42 sets perdus face à eux. Je ne peux pas le nier : ces trois-là ont exploité mes failles et les ont mises en évidence de manière bien plus brutale que n'importe quel autre joueur.

Je me console un peu en me répétant que David Ferrer, pourtant troisième mondial, a dû souffrir autant que moi, lui qui a perdu ses dix-sept matches face à Federer. Incontestablement, le Suisse est unique en son genre. Son niveau est inimaginable et lui, irremplaçable : c'est le plus grand joueur de tous les temps. Il suffit d'observer sa grâce sur le court et les sensations qu'il procure aux spectateurs. Lorsque je suis dans les gradins, moi aussi, je suis émerveillé du début à la fin… Quelle classe ! Quand je le croise en dehors des courts, il a toujours cette fraîcheur d'esprit, un sens de la blague, et se montre parfois chambreur… à la manière d'un *junior*.

Il avait eu la gentillesse de me donner deux maillots que je lui avais demandés pour Louis Nicollin, l'ancien président du club de foot de Montpellier qui s'était construit une formidable collection personnelle, qu'il voulait un jour exposer aux yeux du grand public. Cela m'était apparu comme une marque d'estime, car « Rodgeur » ne distribue pas tant de maillots que cela : il les répertorie, les offre au compte-gouttes à des personnes soigneusement choisies… Encore un symbole de cette rigueur que l'on retrouve sur les terrains. Car Federer est aussi, et surtout, un tueur sur le court. Un tueur en gants blancs. Il y met les formes et l'élégance, mais le but reste évident : broyer l'adversaire en lui imposant un rythme qui finit par l'engloutir.

Novak Djokovic, lui, est celui qui a poussé le professionnalisme à son paroxysme. Si Nadal peut donner l'impression d'une certaine « normalité » en dehors des terrains, en s'accordant des pauses ponctuées de parties de golf ou de pêche, « Djoko » est habité : il ne se repose jamais. Il est en permanence en quête d'un détail à améliorer ou d'une faille à effacer. Dans le jeu, il passe de la défense à l'attaque en une fraction de seconde : voilà son super-pouvoir. Il lui arrive d'être loin de la balle, de glisser volontairement en fin de course et, grâce à un coup magistral, de renverser la situation en repartant à l'attaque. Andre Agassi, qui était physiquement phénoménal, avait beaucoup de mal à se remettre d'une posture défensive, par exemple. Djoko peut être relégué à trois mètres derrière la ligne et, l'instant d'après, revenir dans le court ; il est partout. Lorsqu'on croit l'avoir débordé, il rejoue un coup long et se repositionne parfaitement. C'est contre lui que j'en ai le plus bavé... ! Si Nadal et moi, nous avons pu faire de beaux échanges, s'il m'est arrivé même d'avoir l'avantage dans certains points, Djoko, lui, ne rate pas une balle. Il est performant à droite, à gauche, sans jamais se forcer. Il prend la balle tôt, ce qui requiert une énergie bluffante. Le plus impressionnant étant que, ces efforts incroyables, on ne le voit pas les fournir. Et puis sa rapidité d'exécution est phénoménale. Il faut le dire : tout le monde, un jour ou l'autre, a pris une branlée contre Djokovic. Même Nadal.

Quant au « taureau de Manacor », je pense avoir suffisamment évoqué le respect et l'admiration qu'il m'inspire dans les pages précédentes. J'ajouterais seulement que j'ai cru, pendant un temps, ne pas avoir à le craindre. J'y ai cru avant qu'il ne m'assomme en demi-finale, à Monaco, en 2005. Je ne pouvais *pas* mieux jouer. Et j'avais perdu. Touché, coulé.

Chacun des membres du *Big 3* s'est trouvé sur la route de mes plus grands accomplissements. En demi-finale à Wimbledon en 2007, je me suis heurté au talent de Federer ; en demi-finale de l'US Open, en 2013, ce fut Nadal ; puis Djokovic en demi-finale à Wimbledon en 2015. Pire encore, je les affronte toujours lorsqu'ils sont dans une forme spectaculaire. Federer livre une performance proche du chef-d'œuvre pour battre Nadal en finale à Wimbledon en 2007 ; Nadal essore Djokovic en finale de l'US Open en lui claquant un 6-1 dans le quatrième set ; et Djokovic remporte en quatre manches le titre londonien contre Federer en 2015. Chaque fois que j'ai caressé le rêve d'une finale en Grand Chelem, je me suis frotté au plus haut sommet du tennis mondial. De tous les temps.

Le scénario a été identique pour mes trois finales en Masters 1000. Je suis fier d'être allé jusqu'au dernier dimanche de ces tournois de valeur. Mais, pour brandir la coupe, il aurait fallu battre Federer à Hambourg en 2005, puis, à Toronto, le même en 2006 et Djokovic en 2012. Jamais un tableau ne s'est ouvert suffisamment pour me laisser une opportunité. Ils étaient en permanence présents dans les derniers carrés. En 2015, le Sud-Africain Kevin Anderson était passé près d'éliminer Novak Djokovic en 8e de finale à Wimbledon. Et s'il l'avait battu ? Si j'étais tombé sur lui, et avais eu droit à une demi-finale plus jouable ? Aurais-je connu ce bonheur de jouer une finale dans le Temple ?

Même si ces trois-là hantent certains de mes cauchemars, je n'arrive pas à les détester. Ils sont sympas, ne chambrent pas, se montrent très respectueux sur le court. Au fond, il me restera tout de même d'avoir fait partie de cette génération, d'avoir traversé une ère aussi exceptionnelle. Je pourrai dire : « Pendant quinze ans, j'ai été là, à leurs côtés. J'ai battu Federer et Djokovic. »

Certains ont résisté mieux que d'autres face à cette domination infernale. Andy Murray et Stan Wawrinka, avec trois titres de Grand Chelem chacun, ont réussi à ramasser quelques miettes d'un gâteau réservé à trois invités. C'est une performance que je trouve immense, et je tiens ici à leur signifier mon admiration pour cet exploit, qui a dû nécessiter une foi absolue en leurs capacités et une obstination folle. Jeune, Andy n'avait pas d'habileté physique particulière. Il s'est construit, année après année, un bagage physique inouï. S'il n'avait pas été diminué par ses blessures, je pense qu'il aurait pu viser une dizaine de titres en Grand Chelem. Il n'y a pas une minute où il ne pensait pas au tennis, jusqu'à peser presque au gramme près tout ce qu'il mangeait. Murray, sportivement, était plus fort qu'Agassi. Cela dit, il y a matière à penser que toute cette énergie fournie pour devenir numéro un mondial a fini par lui coûter sa santé. En effet, cette période de 2016 à 2018 s'est conclue pour lui par une opération à la hanche, depuis laquelle il porte une prothèse. Lui aussi m'a fait beaucoup de mal, en m'éliminant trois fois à Roland-Garros et deux fois à Wimbledon. J'ai un souvenir particulièrement amer de l'édition de 2016, lorsque nous nous sommes affrontés en quart de finale. Je me sentais alors vraiment bien, je venais de disposer successivement de Kyrgios et de Nishikori. Dans mon équipe, chacun imaginait qu'il y avait un beau coup à accomplir, porte d'Auteuil, avec potentiellement un duel de revers contre Wawrinka en demi-finale. Nous avions commencé à rêver, mais Murray m'avait une nouvelle fois fait redescendre de mon petit nuage. À 7-5, 6-5 en ma faveur, j'avais regardé le chrono lors du changement de côté. Celui-ci indiquait 2 h 22 de jeu : presque un choc… ! Je n'avais pas pu m'empêcher de penser que la route avait déjà été sacrément escarpée. Puis j'avais commis l'erreur de lâcher au tie-break. Tout s'était effondré et j'avais perdu rapidement les deux dernières manches (6-0, 6-2). Je croyais tenir Murray, je pensais être en mesure de le dominer. Mais c'était mal le connaître : le combat est inscrit dans l'ADN de ce joueur. Il pleurniche beaucoup, geint sans cesse ; mais tout doucement, il grignote et finit par passer devant. Je n'ai jamais vu quelqu'un parler autant sur un court, s'exprimer ainsi par des grognements ou des lamentations. Il peut s'y montrer infernal, hurler comme un fou contre son propre clan, voire les insulter. Tout cette mise en scène participe au scénario d'usure dont il raffole. Malgré tout, chapeau !

Je porte le même immense respect pour Stan Wawrinka qui a réussi à dépasser, sur le tard, le cap contre lequel j'ai buté pour ma part. Si le trophée remporté à l'Open d'Australie en 2014 contre Nadal s'explique sans doute par les blessures que celui-ci traînait depuis plusieurs matchs, battre deux fois Djokovic en finale d'un Grand Chelem (à Roland en 2015 et à l'US Open de 2016) est une performance sportive de très haute volée. Jeune, Stan ne jouait pas mieux que nous, les Mousquetaires. Mais, même s'il n'obtenait pas de résultat phénoménal, il était là, tapi dans l'ombre et travaillant d'arrache-pied. Il a continué à progresser chaque année, pour devenir un « bœuf », doté d'une puissance dangereuse pour n'importe quel joueur. Grâce à Magnus Norman, son coach suédois, il a pris conscience de l'important équilibre entre puissance et relâchement.

Finalement, il nous a battus, nous les Français, dans cette rivalité franco-suisse qui semblait l'intéresser particulièrement, et de longue date. Je ne sais pas s'il cultivait un quelconque ressentiment, une éventuelle jalousie envers nos structures et notre médiatisation, mais il avait un côté légèrement anti-France. Sa grande force de caractère lui a permis de sortir vainqueur de cette rivalité, principalement cristallisée autour de Jo Tsonga, et qui a atteint son pic lors de la finale de Coupe Davis 2014.

Une nouvelle fois, associé avec Federer, il avait grandement participé à notre désillusion. Seulement, il était allé un peu loin en nous raillant ouvertement en conférence de presse : « Les Français avaient mis les bouteilles de champagne au frais, et c'est nous qui les buvons ! » Nous l'avions mal pris. Pas de doute, il avait dominé Jo en simple le premier jour, avant de nous broyer, Benneteau et moi, en double avec Federer. Mais ses propos manquaient terriblement d'humilité.

La tension a atteint son comble lors d'une soirée sordide au cours de laquelle était organisé un repas officiel avec les dirigeants de l'ITF. J'étais parti aux toilettes ; certains avaient cru que je suivais Wawrinka – qui prenait la même direction – pour obtenir une explication. Ce n'était pas le cas, mais tous les convives avaient deviné que j'étais à cran. Lorsque je suis ressorti, j'ai vu Stan en conversation animée avec Jo, Gilles, et l'un des kinés de l'équipe de France, toujours enclin à aller au contact si nécessaire. Avec la fatigue, la frustration et quelques gouttes d'alcool, la discussion commençait à chauffer. Même Gilles Simon s'en était mêlé : « Stan, tu as gagné Monaco, l'Australie. Tu n'avais pas besoin d'en rajouter ! » On était vraiment sur les nerfs. Federer n'était pas à la soirée et le capitaine suisse, Severin Lüthi, était arrivé pour calmer les choses. Stan, intelligemment, n'avait pas répondu. L'étincelle qu'on attendait peut-être n'est pas arrivée. Et heureusement. Gaël me dirait plus tard : « Je ne t'ai jamais vu comme ça ! »

Forget, Capitaine Fracasse

J'ai rencontré Guy Forget lorsque j'avais treize ans ; il parrainait à l'époque le Challenge Reebok, réservé aux meilleurs jeunes. Je tremblais de bonheur chaque fois que je le voyais. Guy, c'était le joueur qui avait remporté la Coupe Davis presque à lui seul, c'était le capitaine de l'équipe championne, un mythe pour toute une génération de joueurs français. Son aura médiatique était immense et concordait parfaitement avec ce qu'il dégageait. Je le respectais tellement !

J'ai été déçu qu'il ne réussisse pas à faire de notre génération le fer de lance du tennis mondial. Je suis persuadé qu'avec le crédit dont il jouissait, il aurait pu obtenir beaucoup plus des Mousquetaires... Que cette aventure se soit soldée par un échec m'a profondément attristé, car nos défaites sont devenues un frein dans ma carrière.

Avec Guy Forget, mon capitaine de Coupe Davis de 2005 à 2012, tout ne s'est pas passé exactement comme prévu. J'ai senti un peu de jalousie de la part de cet ancien joueur, qui semblait avoir du mal à comprendre la génération suivante. Guy a des qualités évidentes ; mais nous n'avons jamais réussi à nous comprendre. Avec lui sur le banc, rien n'a jamais été facile pour moi. Je ne me suis pas senti défendu. Je n'ai jamais vraiment su pourquoi... Il ne semblait pas avoir confiance en moi, et je ne suis pas parvenu à le convaincre de le faire.

J'étais trop jeune pour solliciter une discussion, pas assez mordant pour réagir au manque de considération dont je souffrais, et j'ai, dans cette histoire, bien plus subi que je n'ai riposté. Guy ne comprenait pas qu'on puisse appliquer d'autres systèmes de jeu que ceux qu'il privilégiait. Je ne sais pas qui détenait la vérité d'un point de vue technique ; ce que je sais en revanche, c'est que le rôle d'un coach est de pousser ses joueurs à évoluer selon leurs caractéristiques propres ; Guy ne souhaitait pas déroger à ses schémas préférentiels. Le problème fondamental, c'est que lui et moi ne partagions pas la même vision du jeu. Forget n'a pas tout à fait tourné la page des années 1980, l'époque où le modèle de l'attaquant était construit sur l'enchaînement de type service-volée et non pas sur le jeu de fond de court. Ce que Guy refusait de comprendre était que, pour un joueur comme moi, changer diamétralement mon style de jeu revenait à signaler à mon adversaire que je perdais confiance en mes moyens. Lors de matchs à haut stress, j'avais pourtant besoin de sentir que le capitaine qui m'observait depuis le banc croyait en moi. Dans ces conditions, une collaboration peut très vite devenir délicate ; entre nous, le climat s'est rapidement gâté.

J'arrive pourtant en équipe de France avec la motivation d'un jeune homme qui a été baigné dans cette culture « Coupe Davis ». J'ai grandi dans le rêve d'y participer. En 1999, j'avais assisté en direct à la victoire de la France contre les Pays-Bas dans les arènes de Nîmes ; en supporters passionnés, nous attendions Cédric Pioline à la sortie des vestiaires. En fin d'année 2002, j'avais même retrouvé les joueurs de l'équipe de France après leur finale perdue contre les Russes à Bercy.

Sans doute n'avais-je rien à faire là, à seize ans, mais j'avais été invité par le président Bîmes pour cette réception d'équipe à l'Élysée. Tous les gars étaient dépités après la défaite, mais le déjeuner était marrant – surtout grâce au président Chirac. J'étais assis juste à côté de Paul-Henri Mathieu, et quelqu'un avait dit que l'on se ressemblait un peu. Chirac m'avait alors lancé : « Quand tu auras pris quelques coups comme ceux qu'il a encaissés hier soir, tu lui ressembleras encore plus ! » Tout le monde avait ri. Le président avait su dérider la tablée en tirant parti d'un moment pourtant terrible qui avait eu lieu la veille. « Paulo », qui n'avait que vingt ans, avait mené deux sets à rien dans le cinquième match décisif face à Youzhny, avant de perdre... En m'entraînant avec lui, quelques jours plus tard, alors qu'il était encore décomposé par son terrible échec, j'avais compris à quel point cette compétition infernale pouvait détruire certains joueurs.

Dans les premiers mois, j'avais vécu une idylle avec cette équipe de France que je découvrais. J'avais été heureux d'avoir honoré en juillet 2005 ma première sélection en Russie par une victoire sur Andreev lors de la rencontre inaugurale et, bien qu'un peu tendu – au point d'avoir une crampe à la main assez tôt dans le match –, je n'avais pas été totalement surpris par cette performance. L'année suivante, au premier tour de la Coupe, à Halle en Allemagne, j'avais confirmé mes bons débuts par une victoire mémorable sur Tommy Haas, un ex-n° 2 mondial, dans une ambiance plutôt hostile. Une victoire que *L'Équipe* avait résumée dans un titre élogieux : « Signé Gasquix ». Je donnais des signes d'intégration encourageants.

Ma relation avec Guy s'est corsée dès la rencontre suivante, organisée à Pau contre la Russie de Safin et Toursounov – que l'on avait étrangement décidé d'accueillir, sans nous demander notre avis à nous les joueurs, sur une surface ultra-rapide nommée le Taraflex, qui les avantageait énormément. Après deux défaites en cinq sets en simple, je finis le week-end avec une déchirure abdominale de six centimètres – le genre d'accident qui n'arrive qu'une fois dans une carrière. Dans les jours qui suivent, je ne reçois aucune nouvelle de Forget. Il me semble qu'il aurait pu prendre le temps de demander à son n° 1 de l'époque comment évoluait la blessure qui allait le laisser six semaines sur le flanc. Mais rien, pas un message... Je suis alors déçu de cette indifférence, puis me raisonne : ce n'est pas bien grave.

Grave, cela le devient déjà beaucoup plus en 2007, au terme de la fameuse rencontre contre Youzhny à Moscou, que je perds 9-7 au cinquième set après 4 h 48 d'un long combat. Le Russe, qui n'est pas un peintre, finit perclus de crampes, à bout de forces, mais vainqueur d'un match un peu dément qui construit la légende de la Coupe Davis. Il ne pourra plus jouer durant une dizaine de jours... De mon côté, je suis terriblement déçu d'avoir perdu après avoir tout donné. Ce type de défaites laissent parfois des traces indélébiles sur de jeunes carrières ! Pourtant, dès la fin de la compétition que la France finira par perdre, au moment de dresser un bilan, Forget décide de résumer cet échec à sa façon – et ce ne sont pas des mots doux qu'il m'adresse :

« Richard n'a pas progressé depuis six mois et demi. C'est une Ferrari qui n'arrive pas à passer la quatrième. » Évidemment, je reçois cette déclaration comme un coup de poing. Quelque chose vient de se casser.

Une semaine plus tard, pendant le tournoi de Monaco, Guy Forget appelle mon coach, Éric Deblicker, pour que nous discutions tous les trois. La conversation s'avère tendue... Dans les médias, Guy s'était proposé de « venir à mon chevet ». Je ne me considère pourtant pas malade en sortant de cette défaite ! Je vais bien, je me sens bien dans mon tennis. Moins d'un mois après, je suis d'ailleurs demi-finaliste de Wimbledon... Je n'ai perdu qu'un seul match important, et je ne comprends pas ses provocations. Sébastien Grosjean tente d'intervenir pour calmer le jeu. « Tu sais, c'est quelqu'un de bien, Guy... » Mais c'est peine perdue, je suis énervé. Forget s'est montré, à trop d'occasions, agressif à mon égard, et bien souvent, de manière injustifiée, à la moindre défaite. Aujourd'hui encore, je crains que cette attitude n'ait permis aux médias de s'engouffrer dans la brèche ouverte par le capitaine, comme si j'étais l'unique responsable des revers essuyés par l'équipe de France.

Le feu des projecteurs médiatiques semble se poser bien plus souvent sur moi que sur les autres. On atteint le sommet de l'absurde en 2008, à

Winston Salem, où nous sommes reçus par les États-Unis d'Andy Roddick et de James Blake. Je ne dispute aucun match lors de cette rencontre ; pourtant, après notre élimination, je me retrouve en une, avec mon téléphone à la main, responsable principal de la désillusion. Il ne manquait plus que la manchette « Wanted »... ! C'est vrai, je n'avais pas tenu à jouer. C'est vrai, j'étais assis sur le banc pendant les différents matches de mes coéquipiers, les yeux parfois rivés sur mon BlackBerry – comme cela peut arriver à *tous* les joueurs lors de longs événements sportifs. Il se trouve que je n'allais pas bien à l'époque, et j'aurais dû le faire savoir. Surtout, je n'aurais jamais dû honorer cette sélection, mais Éric Deblicker et même Arnaud Lagardère – j'étais la figure de proue de l'équipe à laquelle il avait donné son nom – m'avaient un peu forcé la main. Jo était blessé et forfait, personne n'était à mon écoute dans l'équipe, encore moins Guy Forget. On m'a raconté plus tard qu'il avait reçu certains journalistes français dans notre vestiaire, durant le week-end, pour se livrer sur mon cas. Si le capitaine avait pris la peine de leur dire : « Faites gaffe, Richard est fragile, il n'est pas bien », ils ne se seraient pas focalisés sur l'état de mon abonnement téléphonique. Mais il est possible qu'il leur ait dit, au contraire : « Richard fait n'importe quoi » ! Ce qui expliquerait qu'ils aient préféré raconter les coulisses du match, plus vendeuses, que l'ambiance du stade de Winston-Salem pimentée par les « *Andy, Andy, Ace, Ace !* » à chaque bombe servie par Roddick. Je suis, une nouvelle fois, la proie des journaux.

Cela continue à Cordoue en 2011, face à l'Espagne. Le vendredi, je dois relever le défi – plutôt ardu, il faut le dire – de jouer contre Rafael Nadal. Les matches ont lieu dans des arènes et, juste avant de pénétrer sur le court, nous apercevons du sang sur les murs, déposé par les cornes des taureaux… On en riait presque, on m'avait dit : « Allez, c'est à toi de faire la vachette ! » Je suis battu à plate couture face au torero Rafa – en à peine une heure trente de match pour une rencontre en trois sets gagnants. S'ensuit un commentaire « façon Forget » : « Ah, il ne s'est pas battu, il a lâché. » Cette déclaration est symptomatique de son mauvais esprit : n'importe qui peut constater que Rafa est injouable. Il fait 40° C sur le court, plus de 10 000 personnes grognent à chacun de ses coups droits. Après le match, une de mes phrases fait rire dans les vestiaires : « Dans l'état de forme où il est aujourd'hui, Nadal peut nous affronter tous les cinq à la suite. Ça ne lui prendra pas quatre heures et on pourra rentrer à la maison sans attendre dimanche soir. » Forget, offensé, rétorque : « Avec Jo, ça ne sera pas pareil. Il a un grand coup droit, il a un grand service ! » Nous, on rigole doucement puisque nous savons pertinemment que Tsonga va en baver aussi. Et le dimanche, ce dernier ne marque... qu'un petit jeu de plus que moi. Mais la musique du « Richard qui s'affaisse » est restée dans toutes les têtes. À la fin du week-end, un journaliste télé m'entreprend. « Richard, vous n'avez pas vraiment joué... » Là, je vois rouge. C'est l'une des rares fois où je me suis énervé en conférence de presse : « Toi, je te donne une raquette, tu vas jouer contre Nadal et tu vas voir si c'est si simple... »

Je ne supporte plus d'être tenu pour le seul responsable des défaites collectives. Forget finira par quitter sa fonction en 2012, mais n'oubliera jamais, de temps à autre, de placer une petite pique à mon sujet lorsque l'occasion lui en sera donnée. En 2014, par exemple, je joue pour la première fois en double en Coupe Davis avec Jo Tsonga. C'est une opportunité de réaliser notre pacte de jeunesse. Nous battons la paire australienne Hewitt-Guccione, paire qui n'avait jamais perdu dans cette compétition et avait notamment remporté une victoire contre le duo Federer-Wawrinka. Je ne peux tout simplement pas *mieux* jouer – en double – que je ne l'ai fait pendant ce match. Je ne rate pas un seul retour. Même Pat Rafter, un ancien grand joueur australien, vient me voir pour me dire : « Richard, tu as super bien joué ! » On ne peut espérer mieux comme compliment dans la discipline. Mais qu'est-ce que l'on apprend ? Que Forget et Noah, présents pour remettre une distinction au nom de la Fédération de Tennis Internationale (ITF)... nous ont trouvés nuls ! Ils disent que nous n'avons pas assez fait de service-volée, et de retour-volée. Avec Jo, les bras nous en tombent ; nous nous regardons, ébahis. « Guy n'arrêtera jamais... Il est comme ça : avec lui, rien n'est jamais assez bien. » Une nouvelle fois, j'en avais été affecté – et Tsonga, qui peut paraître moins sensible parfois, également.

La pire défaite de ma vie

Je dois à la Coupe Davis les plus grands souvenirs de ma carrière. « Grands » ne veut pas forcément dire « beaux » ! Cette compétition amplifie les responsabilités d'un seul joueur vis-à-vis du groupe, elle pousse chaque joueur à y mettre toutes ses tripes ; et, surtout, la Coupe Davis est décryptée par les médias d'une plume d'autant plus critique qu'elle engage des pays tout entiers. C'est un tournoi à part qui emmène les joueurs dans des contrées très éloignées du circuit classique. Les demi-finales de Grand Chelem que j'ai vécues m'ont procuré moins d'émotions que la Coupe Davis... La vie de vestiaire, les ambiances trépidantes et toute la pression environnante rendent les nuits d'avant-match bien plus blanches que celles qui précèdent n'importe quelle rencontre sur notre Tour habituel. Tout y est exacerbé. Il se crée une alchimie inexplicable, à la fois exaltante et pesante. Combien de fois ai-je pleuré après une défaite, contre Tursunov en 2006 à Pau ou Čilić, en 2016 à Zadar ? Combien de larmes ont été versées par des joueurs – même Jo – après des débriefs plus ou moins tumultueux ? Combien de fois nous sommes-nous réunis au restaurant quelques semaines avant une rencontre pour évoquer durant des heures tous les scénarios envisageables ? Ce projet de Coupe Davis était inscrit dans nos têtes depuis si longtemps que nous en devenions presque fous…

Il nous arrivait de mettre des semaines à nous en remettre. Surtout lorsque le pire arrivait.

J'ai eu l'occasion d'expérimenter cela contre Roger Federer à Lille en finale de Coupe Davis, le 23 novembre 2014. Nous avons, ce jour-là, essuyé un revers cinglant devant 27 000 personnes – un record mondial d'affluence –, revers qui scellait la défaite face à la Suisse d'une France qui n'avait plus remporté le trophée depuis 2001. Je misais tout sur cette compétition… C'était devenu ma priorité absolue, presque une obsession ; j'étais habité par le remords de ne pas avoir été à la hauteur des attentes de mes coéquipiers lors de la rencontre disputée en Argentine, en mars 2013.

Arnaud Clément, fraîchement nommé capitaine pour prendre la succession de Guy Forget, m'avait sélectionné pour ce quart de finale ; une place de titulaire d'autant plus méritée que je venais de disputer la demi-finale du Masters 1000 de Miami. Mais, lors de ce match, je me fais mal au pied et, à cause d'un calendrier serré, saute aussitôt dans un avion pour rallier Buenos Aires. Après dix heures de vol, je ne me sens pas très frais pour jouer face à l'Argentine. Je l'avoue sans peine : durant toute ma carrière, j'ai eu du mal à enchaîner après un bon résultat. Cela m'a souvent joué des tours. À Buenos Aires, je n'arrive pas à passer outre les fatigues mentale et physique qui m'accablent. En arrivant, je constate que Gilles Simon, très à l'aise à l'entraînement, a de meilleures chances que moi d'être compétitif étant donné mon état de santé. Seulement, il se crispe vite durant la rencontre et perd ses deux matches, tandis que Llodra et Benneteau n'assurent pas du tout en double. Tsonga, lui, fait le nécessaire pour nous rapporter deux points. À la fin de la rencontre, perdue malgré notre statut de favoris, mes coéquipiers sont très mécontents. « Richard, c'était à toi d'y aller ! », me reproche Jo d'un ton ferme avant de remettre en question la suite de son propre investissement : « Je vais peut-être arrêter si les mecs ne font pas l'effort... » Les explications sont orageuses et je comprends tout à fait les critiques. Cette défaite, elle est de mon ressort. Je ne me sentais pas bien. Je suis resté sur le banc en regardant souffrir les autres : en regardant Tsonga se démener au nom de l'esprit d'équipe, et Simon capituler dans le cinquième match décisif contre un Berlocq en furie. Je ne suis pas fier. La frustration, ou ce léger sentiment d'avoir abandonné mon équipe, me poussent donc à m'investir à fond dans le prochain défi. Je dois à tous, et à moi-même, une revanche.

En 2014, comme promis, la Coupe Davis est la priorité de ma saison. Tout se passe bien au premier tour où Jo et moi, en simple et associés en double, éliminons les Australiens. Je suis tellement tendu que je ne ferme pas l'œil de la nuit avant mon premier simple contre Nick Kyrgios… Blessé, je passe ensuite le week-end du quart de finale à Nancy pour soutenir l'équipe qui bat difficilement les Allemands mais remporte, grâce à Tsonga et Monfils, les deux matches du dimanche. En demi-finale, à Roland-Garros contre les Tchèques, je livre en fin de matinée contre Tomáš Berdych le match parfait, en pure communion avec un public de licenciés unis dans la ferveur. Il règne une telle effervescence que je tombe à genoux à la fin du duel. Nous sommes idéalement lancés pour le week-end contre la Suisse de Federer et Wawrinka avec, comme enjeu, la qualification pour la finale.

Le week-end infernal peut commencer : depuis la victoire contre la République tchèque en septembre, je ne pense plus qu'à cette finale. Il n'y a pas une heure où je parviens à décrocher. À l'exception de Simon, personne ne *joue* vraiment sur le circuit : Monfils se cache un peu, Tsonga commence à souffrir de son bras et je vis un sale automne, contrarié par différents pépins de santé. Les Suisses, eux, s'offrent une préparation plus tranquille, ils ne sont pas obsédés au point d'en oublier le quotidien ; ils ont raison. Federer et Wawrinka se qualifient pour le Masters de Londres la semaine précédant notre affrontement, durant laquelle ils se retrouvent à jouer l'un contre l'autre une demi-finale tendue pendant laquelle Mirka, la femme de Federer, chambre Wawrinka en lui criant « Cry, baby, cry » (« Pleure, bébé, pleure »). Pourtant, à aucun moment, il ne me vient en tête que cet accrochage pourrait les diminuer lors de notre match à venir. Ils sont bien trop intelligents pour ça. La seule inconnue reste le dos de Federer, qui semble toujours bloqué après ses efforts londoniens...

Dans notre équipe, la grande question est celle de l'état du bras droit de Jo. Il a mal et nous sentons tous qu'il n'est pas vraiment prêt ; il n'est pas bon à l'entraînement. Mais c'est Jo : coûte que coûte, il veut jouer contre Wawrinka le premier jour. Par son statut, son investissement, il a beaucoup de poids dans l'équipe. Il ne s'est jamais défilé et nous le respectons pour cela. Si Yannick Noah avait été capitaine à ce moment-là, je suis certain qu'il aurait préservé Jo pour le double du lendemain que je suis censé disputer avec lui. Pour l'autre simple, Gaël, sans surprise, est aligné contre Federer. Il réussit à le battre. Nous arrivons à 1-1 au terme du premier jour, puisque Tsonga perd contre Wawrinka.

Le samedi, j'entre en piste pour le double, prévu avec Tsonga, donc. Mais à une heure du coup d'envoi, Jo nous prévient, blême : « Je ne peux pas jouer ». Il souffre trop. Panique à bord. Resté à l'hôtel avant de venir au stade nous soutenir, Julien Benneteau apprend qu'il va jouer le double d'une finale de Coupe Davis alors qu'il est train de fumer une cigarette sur le balcon. De mon côté, je dois me reconcentrer en intégrant brutalement un nouveau partenaire dans mon univers mental. Depuis notre médaille de bronze aux JO de Londres de 2012, nous nous connaissons bien avec Julien, mais c'est avec Jo que j'ai construit des automatismes ces dernières années. Sans lui, c'est moi qui deviens en quelque sorte le n° 1 de la paire.

Le match commence. Je sens que « Bennet » a une grande confiance en moi et attend que j'emballe la partie mais rien ne vient. En double, je suis connu pour faire jouer les adversaires, remettre la balle pour les pousser à faire le coup de trop, ou pour qu'ils jouent la volée difficile. Mais pas cette fois. Je n'arrive à convertir aucune des balles de break que nous nous procurons. Federer et Wawrinka nous battent facilement. Je sens dans le regard de Benneteau que je n'arrive pas à faire un *vrai* match.

Première grande désillusion.

Puisque Jo est définitivement « out », c'est à moi, lesté des mauvaises sensations de cette partition ratée en double, que revient la mission de rapporter le point qui nous permettrait encore d'y croire en égalisant à 2-2. Mais en face, c'est Roger Federer… Le cauchemar commence vite malgré l'accueil incroyable offert par la fournaise du stade Pierre Mauroy. Dans ce stade de foot déconstruit en monumental court de tennis, nous arrivons comme sur un terrain de boxe, en descendant les escaliers dans le noir, sur un tapis rouge, au milieu de fumigènes qui ne cachent rien du vacarme de cette ambiance démente. C'est ma plus belle entrée des artistes, sauvage et galvanisante. À l'échauffement, nous assistons à une scène absolument inédite pour l'icône qu'est Federer, le chouchou de tous les stades du monde : il est hué à chacune de ses frappes, tandis que je suis acclamé à chacune des miennes ! Dantesque. Je suis absolument transcendé. Puis… le vide.

J'avais trop peu joué les semaines précédentes pour me constituer le matelas de matches dont j'ai besoin, et la confiance qui va avec. Federer, qui avait servi très fort en double la veille, carbure à fond et n'est visiblement plus très gêné par ses douleurs au dos. Le match qui m'obsédait depuis des mois tourne à la catastrophe ; une des plus grandes compétitions, disputée dans un décor de rêve, s'effrite comme un château de sable. Je me fais broyer et ne produis rien de bon. Je n'offre même pas au public une défaite en quatre sets parsemée d'un zeste d'émotions. Non. Rien du tout. Les 27 000 personnes présentes dans le stade me poussent au maximum, et, à l'exception de l'entrée sur le court, il n'y pas un seul moment où je les fais vibrer. C'est une sensation terrible que d'être aussi amorphe le jour où les attentes sont les plus hautes. Sans l'ombre d'un doute, je vis là la plus grande déception de ma carrière. Sur la balle de match, je vois l'échange de l'extérieur, comme dans un mauvais film, presque au ralenti ; Federer finit avec un service extérieur, suivi d'une montée au filet, et termine le point d'une volée rétro posée avec une facilité déconcertante – comme si, en face de lui, il avait un 15/5. Humiliant.

Je finis le match et me trouve en dessous de tout. Je me répète : « T'es grotesque. Tu n'as pas breaké une seule fois du week-end. Tu es nul ! » Ces paroles que je me lance résonnent encore. Je prends un gros coup au moral, il me faudra des semaines pour guérir. Le week-end suivant, passé à Londres avec des amis, il m'est impossible de sortir. Je suis fatigué : le poids de cette non-performance est encore trop lourd à porter.

Cette finale, qui me laisse sur le flanc avec des regrets presque éternels, aura de fâcheuses conséquences. Si je n'ai pas été à la hauteur, tant en double qu'en simple, je passe pourtant pour une fois au travers des habituelles critiques. C'est Jo, cette fois-ci, qui prend pour le reste de l'équipe. Lui, aussi solide qu'un taureau, qui s'est toujours tant investi, et sans jamais faire de cinéma, est accusé des déconvenues pourtant inévitables de sa semaine. Toutes ces critiques lui font du mal. La saison suivante, en 2015, lors du quart de finale que nous disputons en juillet à Londres face à la Grande-Bretagne des frères Murray, il débarque sur le gazon du Queen's sans être vraiment remis de cette frustration. Il ne s'était pas senti défendu par le staff après la finale de Lille et, à Londres, il n'est pas vraiment là. Il semble un peu boudeur.

Au-delà du problème du simple, il a été décidé par Arnaud Clément que Tsonga disputerait le double aux côtés de Nicolas Mahut. Ce choix d'un tel duo reste encore une énigme pour moi. Il est évident à mes yeux que je dois être associé à Jo : les Britanniques comptent dans leurs rangs, en simples, un maillon très fort (Andy Murray) et un maillon faible (James Ward). Tout le monde sait donc que le double sera décisif pour l'issue de la rencontre. Il faut tout miser sur lui. Juste après ma demi-finale de Wimbledon, je débarque au Queen's, à quelques kilomètres de là, avec la ferme volonté de jouer le match le plus important de la semaine. Avec Jo, nous n'avons jamais perdu en Coupe Davis... Pourtant, lorsque j'arrive, j'apprends que c'est Mahut qui jouera avec lui. Aux yeux de l'encadrement, il semble que je ne suis pas un joueur de double. Je vais voir notre capitaine pour lui faire entendre que je suis la bonne personne pour ce match. Il ne fait valoir aucun argument pour expliquer son choix. Mais c'est le sien et je ne suis qu'un joueur de l'équipe, c'est lui qui décide. J'ai beau connaître son intégrité et la respecter, je sors de cette entrevue terriblement vexé. Cela me paraissait tellement évident que l'équipe choisie en double allait perdre... Mahut et Tsonga ne s'entendaient pas sur le court : ils ne se parlaient pas vraiment et ne gagnaient que très peu de sets à l'entraînement.

Leur match se révèle conforme aux tristes sensations de la semaine. Ils échouent face aux frères Murray, et, malgré une grande résistance, Simon s'avoue vaincu le lendemain contre Andy. Nous sommes éliminés ; je suis dépité. Après la finale de Lille, voilà encore une rencontre où nous nous noyons seuls, par des prises de tête et des mauvais choix – un « mal français », qui nous a gâché tant d'occasions. J'ai envie de changement. Et Jo aussi. Nous parlons beaucoup tous les deux. Gilles, lui, veut continuer avec Arnaud Clément comme capitaine. Gaël ? On ne sait jamais vraiment ce qu'il pense. Durant l'été, je fais un golf avec Yannick Noah, qui s'était montré présent après le fiasco de la finale de 2014 ; tout semblait indiquer qu'il n'avait rien contre le fait de redevenir capitaine. Sur le green, nous discutons. Il me dit : « Vous avez été nuls. Vous êtes ridicules. » Et je lui réponds : « Oui, tu as raison, je ne vais pas dire le contraire. Mais c'est facile pour toi. Tu parles, tu parles... Tu n'as qu'à venir. Tu verras que ce n'est pas si simple... » Je sentais qu'il en avait envie. Quelques semaines plus tard, il sera nommé capitaine.

Sarkozy – Noah, mes mentors de l'extrême

Je ne surprendrai personne en disant que Nicolas Sarkozy et Yannick Noah ne sont pas les meilleurs amis du monde. Entre l'homme de droite et l'artiste-sportif, qui a toujours revendiqué ses engagements à gauche, il y a eu nombre d'escarmouches. Entre autres amabilités, Noah avait déclaré que, si Sarkozy gagnait l'élection présidentielle en 2007, il quitterait la France. L'ancien président avait quant à lui décrit Yannick comme un ancien sportif qui avait passé toute sa vie en Suisse. Aussi antagonistes que ces deux personnages puissent paraître, ce sont pour moi deux modèles : mon président et mon capitaine. Je n'ai pas eu besoin d'un grand écart intellectuel pour apprendre à leurs côtés : j'évite seulement de parler de l'un quand je suis avec l'autre.

Ce sont pour moi deux monstres absolus, chez qui j'ai senti une volonté de fer. De toutes les personnalités que j'ai côtoyées durant ma carrière, je n'ai pas rencontré plus fort qu'eux. D'une certaine manière et malgré leurs différences, ils sont faits d'un même bois. Tous les deux ont tellement de caractère, de force mentale, qu'ils sont à mes yeux exceptionnels, chacun à leur façon. L'un comme l'autre sont allés jusqu'au sommet dans leur domaine.

J'ai rencontré Nicolas Sarkozy en 2005 par l'intermédiaire de mon entraîneur Éric Deblicker. Éric avait été marié par Sarkozy, alors maire de Neuilly, et avocat notamment de certains joueurs de tennis. En pleine émeute des banlieues, Éric avait demandé au ministre de l'Intérieur de l'époque si nous pouvions nous voir lui et moi. Il était venu, un dimanche d'octobre, jouer au CNE. Le président de la Fédération, Christian Bîmes, en avait profité pour nous rejoindre…

Sur le court, Sarkozy ne se débrouille pas trop mal. Il renvoie bien la balle, son jeu est digne d'une fin de 3ème série. Mais c'est évidemment par la conversation qu'il laisse la plus forte impression. Il réfléchit bien plus vite que le commun des mortels. Ce n'est pas le genre de personne qui veut briller sans rien y comprendre et que l'on débusque bien souvent en deux phrases. Loin de là !

Lorsqu'il parle de sport, Nicolas Sarkozy ne dit jamais de bêtises. C'est assez rare pour être signalé. Il connaît tout, c'est un vrai passionné. Je ne sais pas comment il retient autant d'informations : il doit avoir, au-delà de sa passion, une mémoire pour intégrer ces faits – du palmarès de n'importe quelle course cycliste à la moindre performance d'un tennisman. En décembre dernier, je l'ai encore revu dans ses bureaux avec mon agent, Julien Cassaigne. Julien et moi sommes sortis tous les deux estomaqués par tant de maîtrise. Nous avons eu l'impression de discuter avec quelqu'un qui faisait partie de la famille du tennis. Il connaissait les derniers résultats de chaque joueur, ce qu'il se passait à la Fédération. Tout ! C'est impressionnant venant de quelqu'un pour qui le tennis reste tout de même un sujet d'intérêt annexe.

Nicolas Sarkozy s'y connaît aussi dans le goût de l'effort, la pression, l'hygiène de vie. Il a vécu, il a pris des coups, il connaît la musique. Au-delà du vrai sportif qu'il est, c'est le meilleur accompagnement psychologique qui soit. Je préfère aller le voir lui, plutôt que n'importe quel autre coach.

Il ne m'abreuve pas de conseils, mais a souvent le bon mot. Comme il me l'a souvent dit, il ne faut pas lire ce que les journalistes écrivent. Il dit que j'ai le bras de Leconte, sans sa folie et son inconscience… J'ai toujours senti chez lui de la bienveillance envers moi. Dans une interview au *Parisien*, j'avais raconté que je l'appréciais, et que je voterais toujours pour lui ; il m'en a été reconnaissant et m'a appelé pour me remercier. Depuis, il suit ma carrière et prend régulièrement de mes nouvelles.

Le soir de ma victoire contre Roger Federer à Rome en 2011, j'avais reçu un certain nombre d'appels, dont une bonne partie provenaient d'un numéro inconnu. J'avais refusé plusieurs fois avant de finalement répondre. À l'autre bout du fil, les services de l'Élysée m'avaient annoncé que j'étais en ligne avec le président : il tenait à me féliciter de cette performance.

Parfois, il m'arrive de l'appeler, et je l'écoute avec plaisir. Il m'avait dit qu'il m'aiderait avec plaisir, si un jour j'avais besoin de soutien afin de mener à bien ma reconversion. C'est toujours un honneur aujourd'hui de recevoir une telle affection de la part d'un homme comme lui. En tant que supporters du PSG, nous nous voyons également au Parc des Princes. Je le croise parfois au bois de Boulogne lorsqu'il fait son footing... Même s'il n'est plus aussi actif qu'avant en politique, nous restons en contact.

L'ancien président de la République est d'ailleurs intervenu dans l'une des histoires les plus invraisemblables de ma carrière – une semaine tragicomique pour le tennis français. Cela remonte à septembre 2020, et réunit les deux plus grands poissards de l'Hexagone : Benoît Paire, à qui il arrive toujours quelque chose, et moi, qui suis passé par tous les états. J'aurais dû me douter de quelque chose quand Benoît m'a appelé depuis New York, alors que le circuit redémarrait après la très longue pause causée par la pandémie. « Je me fais tester et j'arrive ! », me dit-il alors, avant de me rejoindre dans l'enceinte du stade où les organisateurs, pour occuper les joueurs mis sous bulle et privés de spectateurs, avaient installé de petits stands de jeux un peu partout.

Benoît et moi restons huit heures ensemble, et nous livrons à un festival d'activités dignes de Jeux sans frontières : minigolf, entraînement de tennis, belote dans sa suite dans le stade ; le tout sans oublier bien sûr de se prendre dans les bras à l'occasion de n'importe quel défi perdu ou gagné. Le lendemain matin, le joueur espagnol Feliciano López m'écrit pour me dire – je ne sais pas comment il l'a appris – que Paire est positif. Je deviens alors cas contact, aux côtés des autres Français concernés par ces parties de belote, Greg Barrère, Édouard Roger-Vasselin, Adrian Mannarino, Kristina Mladenovic et son frère, Nicolas Copin, Julien Cassaigne, Tom Jomby, Grégoire Jacq. Sueurs froides… justifiées.

Nous expérimentons alors tous les premières mesures restrictives de l'ère Covid. Bien que testés négatifs tous les jours et assignés à résidence à l'hôtel, nous sommes enfermés à double tour avec comme seule autorisation de sortie journalière celle d'aller jouer nos matches et, une fois éliminés, de retourner aussi vite dans notre poignée de mètres carrés. Sans doute aurions-nous dû y voir une raison d'enchaîner les victoires... Il faut s'imaginer huit longues journées de confinement ressemblant à s'y méprendre à un remake façon « sport en chambre » d'un « Loft Story » où chacun des candidats, perversion supplémentaire, est livré à ses états d'âme, allongé sur son lit... Chaque joueur, héros de cette télé-réalité cauchemardesque, passe ses journées avec un garde du corps, sort par des portes dérobées pour aller au stade en étant conduit par un chauffeur ayant déjà eu le Covid. Sans aucune possibilité de contact avec quiconque à Flushing, ces quelques semaines donnent aux membres du circuit l'impression de disputer l'US Open dans un manoir hanté.

Je n'ai pas vu une seule femme de chambre durant ce séjour, et ai fini par ne plus manger que des salades César en *room service*. Avec les autres prisonniers, nous passions notre temps sur Houseparty, application sur laquelle tous les participants peuvent se voir en même temps. Dans cet espace-temps indéfini et mou, il suffisait que quelqu'un lance la conversation et tous les invités enchaînaient en sautant sur l'occasion pour parler de tout et de rien – étrange sensation de légèreté et d'inconséquence, dans un climat de rigorisme bien trop accentué.

Mais vous allez me dire : « Et Sarkozy, dans tout ça ? » D'abord, j'ai lu son livre, *Le Temps des tempêtes*. Cinq cents pages suffisantes pour tuer trois jours d'ennui. Mais, au-delà de cette lecture, l'ancien président a encore une fois prouvé sa considération pour les sportifs français en essayant de nous sortir de ce guêpier, par l'intermédiaire de son ancien directeur de cabinet. Ensemble, ils ont tenté de trouver une solution diplomatique à notre problème, et demandé que l'on bénéficie d'un rapatriement sanitaire. Sarkozy n'a pas été le seul. L'ambassadeur de France aux États-Unis, mais aussi un conseiller du président Macron, son professeur de tennis au Touquet et le patron de la *Women's Tennis Association* – ce dernier avait même trouvé un avion – se sont impliqués dans notre libération. Je savais qu'il n'y avait aucune chance auprès du comté de Nassau, ni de l'USTA (la fédération américaine), encore moins du département de la Santé de l'État de New-York, bref, tous ceux qui s'étaient posés en garants du respect des règles de la quarantaine. Mais l'appel, puis l'aide du président Sarkozy, sa volonté farouche de nous rapatrier, nous ont occupé l'esprit et fait espérer pendant quelques heures. Je ne le remercierai jamais assez.

C'est également par le biais d'Éric Deblicker, durant l'automne 2007, que le premier contact avec Yannick Noah a eu lieu. Il avait accepté de m'aider dans mon entraînement, dans certains domaines spécifiques. Sans doute envisageait-il que sa présence à mes côtés ferait l'effet d'un petit coup de *boost*, d'un nouveau départ. Je connaissais Yannick de réputation, le mythique gagnant français de Roland-Garros, le chanteur au Stade de France vendant des millions d'albums. Nous nous étions entraînés trois jours au Tennis Club de Paris avant que je ne parte pour la tournée asiatique... et les choses n'avaient pas traîné. Nous nous connaissions à peine, je venais tout juste de rater trois services ; il m'avait aussitôt repris de sa voix forte : « Mais fous la balle dans le court, ce n'est pas possible à ton niveau ! » C'était le premier à me parler de cette manière, et il avait entièrement raison. Un jeune qui fait des fautes, il faut les lui signaler, même s'il est 10e mondial et qu'il vient de faire une demi-finale à Wimbledon. Quelques jours plus tard, alors que je me trouvais en Asie, il m'avait encore réprimandé, au téléphone cette fois-ci. Je venais de perdre ma finale de Tokyo assez sèchement contre Ferrer. Après avoir gagné la semaine précédente le tournoi de Mumbai, et malgré tout correctement évolué au Japon, je m'attendais à entendre des choses positives… Le « mini-stage » avec lui avait porté ses fruits. J'avais, grâce à son charisme et sa manière – très crue – de s'exprimer, intégré quelques détails me permettant de me remobiliser, d'améliorer mon déplacement sur le court. Mais l'heure des compliments n'avait pas sonné. Yannick m'avait balancé : « C'est la dernière fois que tu prends 6-1, 6-2 en finale ! » Il n'y allait pas de main morte – et ce n'était pas pour me déplaire. À l'époque, nous nous en étions tenus à ces quelques échanges à cause de nos agendas difficiles à faire coïncider ; Yannick ne pouvait pas forcément se déplacer avec nous sur le circuit. Malgré la brièveté de notre expérience ensemble, je me souviens très bien de cette première séance, et de ces quelques mots qui m'avaient piqué au vif, et réveillé.

Par la suite, il a pris une place privilégiée dans les moments importants de ma vie. Pendant l'affaire du contrôle positif à la cocaïne en 2009, alors que j'étais en plein désarroi et prisonnier de la tourmente médiatique, j'étais allé le voir chez lui, à Feucherolles, dans les Yvelines. J'avais passé l'après-midi là-bas, et en étais sorti revigoré. Il m'avait simplement rappelé la réalité de la compétition : « Bats-toi ! Les bons moments reviendront, la vie c'est comme ça avec des hauts et des bas. » Venant de lui, ces phrases prenaient tout leur sens. Lorsque Noah te conseille, tu écoutes.

N'importe quelle personne qui s'y est intéressée sait qu'il a vécu des moments difficiles. Il a l'art de tourner les choses ; son charisme lui permet d'en dire beaucoup. J'aime profondément Noah, et je prends énormément de plaisir à le côtoyer. Il est difficile d'entrer dans son cercle ; mais une fois accepté, on devient un privilégié. Yannick est une personne forte, drôle, pleine d'empathie, et surtout présente en cas de besoin. Autre qualité, qui ne gâche rien : s'il est invité à un dîner, tous les convives savent que la soirée sera réussie, qu'il usera de son talent unique de conteur pour faire vivre ses histoires et multiplier les anecdotes.

Ceci dit, en Coupe Davis, lors de son retour en tant que capitaine de l'équipe de France en 2016, il nous avait bien surpris. Nous pensions qu'il serait compréhensif, et que, d'un naturel *cool*, il serait à notre écoute façon « Tonton Yeah Yeah ». Nous le déduisions de sa volonté initiale de – enfin ! – nous faire jouer ensemble, Tsonga, Simon, Monfils et moi. Mais ça ne s'est pas passé comme prévu ! Lors du premier match en Guadeloupe, face au Canada, nous étions arrivés au Gosier, à l'hôtel, et Noah nous avait tous réunis. « Demain matin, réveil, et footing à 6 h 30. » Nous étions tous un peu surpris et Gaël, pas franchement du matin, avait tenté de lui répondre : « Tu sais, Yannick, j'ai un peu mal au genou, je ne cours pas trop… » Et lui, mettant à profit sa grosse voix, avait immédiatement pris la mouche : « Quoi, tu me dis quoi, là ? Tu as mal au genou, toi ? Comment tu peux dire ça ? » Au moins le déroulement des opérations était annoncé. Yannick s'était présenté comme il est au fond : sans concessions, mettant toute son énergie dans les projets qu'il choisit.

En Coupe Davis, c'était lui le patron, aucun compromis possible. C'était « marche ou crève » ! Il ne se passait que ce qu'il avait prévu. Yannick décidait selon ses idées et les joueurs exécutaient. Cela pouvait être déroutant... Il ne connaissait pas vraiment les joueurs adverses, faute d'avoir bien suivi le circuit récent, ce qui a pu amener certains Mousquetaires, comme Monfils et Simon, à questionner ses décisions, se préparant ainsi des relations compliquées avec lui. Pour ma part, j'ai aimé cette expérience à ses côtés. Que je gagne ou que je perde, je sentais qu'il serait avec moi. Nous partions ensemble à la guerre. Il a pu être dur avec nous. Dès le début, il s'est adressé à nous, les « Mousquetaires », comme à des garçons qui n'avaient rien gagné. À chacun son avis sur la question, mais une chose est sûre : nous n'aurions pu accepter ce genre de remarques de personne d'autre.

En échange de cette obéissance, nous avons vécu des moments fabuleux. Je me souviens de la fin de notre préparation, le week-end précédant la finale de Coupe Davis contre les Belges en 2017.

Nous venions d'enchaîner quelques jours intenses à nous entraîner au moins quatre heures quotidiennement sur les courts ; le staff nous avait octroyé quartier libre le vendredi soir. « Mais à minuit et demi, je vous veux à l'hôtel », avait ajouté Yannick. Après le dîner au restaurant, nous avions cherché un bar à Lille pour nous amuser un peu, mais l'ambiance ne prenait pas. Nous étions à cent mètres de l'hôtel, à dix, la soirée frôlait le glauque. Lucas Pouille avait alors pris le rôle de chef de bande, en rameutant les gens depuis la rue et les bars environnants. Nous avions fini la soirée à plus de deux cents – et, évidemment, bien après minuit et demi. En rentrant vers deux heures du matin – il y avait avec moi Pouille, Tsonga et Benneteau –, nous avions croisé le staff dans le hall de l'hôtel, Yannick en tête : ils avaient fait fi eux aussi du couvre-feu qu'ils nous avaient imposé. Cette rencontre imprévue, nous face à eux, si tard dans la nuit, avait débouché sur un haka phénoménal inspiré des *All Blacks*... Un grand moment ! Il n'y avait qu'avec un entraîneur comme Noah que ce genre de célébration, galvanisante et drôle, pouvait germer.

Drôle de goût pour mon plus grand titre

À Lille, un mercredi de novembre 2017, il est 17 h ; nous sommes à quelques heures du dîner officiel entre les délégations belge et française, à la veille du tirage au sort qui va déterminer l'ordre des matches de cette finale de la Coupe Davis 2017. Yannick Noah m'appelle ; il veut passer me parler de quelque chose.

Je suis surpris, et me demande ce qu'il peut bien avoir à me dire. J'imagine qu'il vient me confirmer ce que je sais déjà : je suis le cinquième homme du groupe, le remplaçant. Depuis le début du stage en effet, les rôles pour cette rencontre – qui pourrait enfin permettre à notre génération de gagner le précieux saladier – sont bien définis. Jo (Tsonga) et Lucas (Pouille) – qui vient de remporter le tournoi de Vienne – sont plus légitimes que moi en simple, et je n'ai rien à y redire. À tort ou à raison, je n'aime pas revendiquer une place en Coupe Davis lorsque les choix me paraissaient logiques.

Quant au double, nous savions depuis lundi qu'il serait disputé par Nicolas Mahut et Julien Benneteau. Là encore, je ne suis pas étonné. Ces deux joueurs se connaissent par cœur et Pierre-Hugues Herbert, présent aussi dans le groupe, est revenu blessé du Masters de double à Londres qu'il disputait avec Mahut, son partenaire attitré. Mon rôle est clair : être présent en cas de pépin. Évidemment, je suis embêté de ne pas jouer une finale de Coupe Davis, mais je n'ai aucun argument valable pour m'opposer à ces choix. J'entends dire tous les soirs : « Herbert est en chaleur, il ne perd pas un match à l'entraînement, il est remonté... ». Alors pourquoi ce coup de fil de Yannick ? Me remercier d'avoir bien tenu mon rôle de coéquipier ? C'est vrai, j'ai très bien joué toute la semaine. L'employé modèle. J'ai gagné pratiquement tous mes sets d'entraînement, non parce que je veux absolument arracher ma place, mais simplement parce je suis heureux d'être là. Je suis bien avec Yannick (Noah, le capitaine), Cédric (Pioline, le capitaine-adjoint) ou Loïc (Courteau, l'entraîneur). J'essaie d'offrir à mes coéquipiers mon meilleur tennis afin que l'équipe se prépare bien et gagne. Mais ces quelques jours ont été fatigants et je sens la pression monter à deux jours de l'échéance.

Yannick entre donc dans ma chambre de l'hôtel Hermitage. Sans préambule, il se lance en parlant de l'équipe de double à aligner. « Je pense que tu ne peux pas jouer avec Mahut, je ne sens pas le truc, avec vos deux revers à une main. Tu ne peux pas non plus jouer avec Bennet, il joue à gauche [en fait, il avait déjà joué à droite, mais bon...], et avec Jo, ça ne va pas, je ne la sens, pas cette équipe. » Puis il conclut : « Je te vois bien jouer avec Pierre-Hugues. Vous avez été les meilleurs cette semaine, au-dessus de tous durant le stage. Et avec toi dans les quatre, je peux t'aligner en simple le dimanche en cas de blessure. »

Stupeur absolue. Je sais que la Coupe Davis est une compétition propice pour des alliances baroques, qui ont le don de provoquer des scénarios incongrus. Mais là, Yannick y va fort... Gasquet-Herbert est l'une des très rares combinaisons jamais testées, parmi toutes celles à sa disposition – ni en match, ni même à l'entraînement. Notre groupe regorge d'autres associations qui tiennent la route. Durant tout ce stage à Lille, on ne s'est pas côtoyé une fois avec Pierre-Hugues, si ce n'est aux repas. Cela paraît tellement dingue que je suis sonné : « Yannick, t'es sûr ? C'est bizarre de dépareiller les équipes. Moi, quand je joue en double en Coupe Davis, c'est avec Jo. Tu sais, on n'a jamais perdu ensemble, on n'est pas si mauvais… Et Herbert joue avec Mahut à l'année, c'est peut-être mieux… ? »

Je suis sceptique. La réaction la plus sensée, je le sais, aurait sans doute été d'éclater de joie d'avoir été retenu pour un tel rendez-vous. Il faut dire que je ne m'y attendais pas. Personne ne s'y attendait, d'ailleurs. Je sens que Yannick se vexe, se crispe… puis finit par me planter. Il part et, d'un air un peu dur, trouve le temps de dire : « Bon, je vais réfléchir. » Et moi de lui répondre : « Bon, s'il faut jouer, je joue, je suis content, hein… » C'est vrai que j'ai manqué d'enthousiasme. Je me retrouve tout seul dans la chambre, *groggy*, à cogiter. « Merde, quand même, c'est une finale, il te fait confiance… Montre de l'entrain, cette manière de réagir n'est pas normale. » Je m'en veux à présent. Je culpabilise tellement que je vais voir Pioline pour en parler. Je discute aussi avec le médecin, Bernard Montalvan, qui ne m'apaise pas plus : « Mais tu es un gros con ! Il faut lui dire tout de suite que tu es à fond pour jouer ! » Je vois bien qu'il a raison. J'appelle Yannick des dizaines de fois. Je laisse un message. « Yannick… Je veux jouer, c'est à moi de le faire, c'est bon, c'est toi qui décides, c'est toi qui as raison. » Il ne répond pas et m'ignore jusqu'au soir.

Au dîner officiel, même manège. Je suis épuisé physiquement de la semaine, et nerveusement des dernières heures. Je tente encore une approche : « Yannick… Bien sûr que je vais faire le double, évidemment. Tu es le capitaine. » La manœuvre est inutile, il me snobe. Tu parles d'un dîner… Je peux à peine avaler une bouchée. Je suis là, attablé avec les autres, seul joueur au courant de ce qui se trame. Herbert lui-même ne sait rien. Je me doute bien qu'entre la surprise d'une annonce si tardive et la brutalité de la décision pour les joueurs évincés, le cocktail en préparation est parfaitement explosif. Dans ma tête, je n'arrête pas d'y penser. « Ça va être un truc de fou ! Comment gérer ça ? » Face à moi, j'observe Mahut et Benneteau qui sont sûrs de jouer ; c'est le match de leur vie, à eux qui se sont tant investis dans toutes les équipes de France. Étouffé par mon secret, je suis mal à l'aise vis-à-vis de mes partenaires.

Nous rentrons à l'hôtel à vingt-trois heures, à quelques heures du tirage au sort. Soudain, Noah nous réunit Herbert et moi, pour nous confirmer qu'il est un capitaine qui aime les paris fous. « C'est à vous de jouer. Je vous sens bien, vous sortez d'un stage de folie, vous êtes les deux meilleurs, je sens que l'association va être monstrueuse. » Contrairement à moi, Herbert ne se pose aucune question. Il est très solide – bien plus que je ne l'imaginais. C'est une révélation. « Je suis un vrai guerrier, on va les défoncer, me dit-il alors qu'on va faire quelques pas pour notre premier débriefing. On va les torcher, je suis très bon en double ! » De mon côté, je ne veux plus contrarier personne : « T'as raison, Pierre-Hugues, je te connais. » Nous commençons à fixer les règles techniques de notre association : je jouerai à gauche sur le terrain, à la relance sur le côté de l'avantage, et lui à droite, dans une position qui n'est pas du tout celle qu'il occupe à l'année ; tous ses repères seront bouleversés. Encore un obstacle.

En revenant dans le hall quelques minutes après, nous voyons Mahut et Benneteau s'asseoir aux côtés de Yannick, au bar. Nous savons qu'ils vont à l'abattoir. De fait, ils reviennent vite, avec, sur leur visage, une grimace que je n'oublierai jamais : celle de la déception absolue... Il règne un silence de plomb dans la salle de vie commune. Pourtant, ils viennent nous voir et prouvent encore une fois leur intelligence et leur sens du travail collectif... Même s'ils n'en dormiront pas de la nuit, ils auront durant le week-end la délicatesse de garder une attitude exemplaire. La crispation se fait néanmoins sentir dans nos rangs... En plus de dix ans, je n'ai jamais éprouvé un tel stress partagé au sein de l'équipe ; voilà le risque des paris de cette envergure. Dans la conscience de chacun, cette décision de Noah a imposé un avant et un après ; j'ai vite appréhendé les termes de cette nouvelle donne. Si nous gagnons, nous devenons des héros. Si nous perdons, nous sommes finis. C'est le début de l'exil, Yannick est mort, je suis mort, Pierre-Hugues également. Nous sommes tous morts. Favoris contre la Belgique avant ce coup de dés lancés par Noah, nous n'avons plus le droit de perdre. La pression est tout simplement énorme.

Le lendemain de l'annonce, je joue pour la première fois aux côtés d'Herbert pour un set d'entraînement face à Jonathan Eysseric, présent dans le groupe comme *sparring-partner*, associé à Benneteau qui ne peut même pas servir tant il est abîmé par sa nuit passée à ruminer. Le vendredi, les premiers simples se jouent. Pouille échoue face à Goffin, mais Tsonga gagne facilement contre Darcis, avec une telle énergie que je me permets une dernière tentative – signe de ma fébrilité ? – en allant le voir, et – l'imaginant capable de tenir trois matches en trois jours –, lui demande : « T'es sûr, Jo, tu ne veux pas jouer le double avec moi ? » Ma question revient aux oreilles de Yannick, qui me prend à part dans ma chambre au retour du stade et me rabroue comme jamais je ne l'ai été : « J'ai dit que tu jouerais avec Herbert. Maintenant tu fermes ta gueule ! C'est comme ça, et si t'es pas content, tu te casses. »

Reste à jouer ce fameux double. À 1-1 entre les deux pays, nous savons que c'est ce match qui va tout déterminer. David Goffin, qui rentre du

Masters au cours duquel il a battu, entre autres, Nadal et Federer pour parvenir en finale, est sur un nuage ; il part grand favori pour rapporter, en simple, un point supplémentaire à son pays le dimanche. Au vu des forces en présence ce week-end, Lucas Pouille est, lui, face à Steve Darcis. Il y a donc, virtuellement, 2-2 entre la France et la Belgique, avant que Pierre-Hugues et moi ne défiions, le samedi, la paire Joris De Loore – Ruben Bemelmans. Aujourd'hui encore, je ne comprends toujours pas pourquoi le capitaine belge n'a pas intégré l'injouable Goffin dans ce double – mais j'en suis heureux.

Si nous menons rapidement 6-1, notre paire ne parvient pas à cacher les défauts que nous soupçonnions : notre fébrilité, notre niveau inconstant, notre absence de repères et, de fait, notre manque d'assurance. Pierre-Hugues traverse un fort moment de tension au début de la deuxième manche et je ne réussis moi-même plus grand-chose de bien. Nous voilà menés 1-6, 6-3, 5-3, frôlant le précipice. Notre duo sorti du chapeau est mal en point contre une équipe qui n'avait rien d'insurmontable sur le papier. Yannick est blanc comme un linge sur la chaise, Jo vire au mauve à ses côtés. Et là, en plein match, au cœur du cyclone, je ressens une décharge de stress inouïe.

Je sais qu'en cas de défaite, nous n'aurons plus aucune chance de remporter la Coupe Davis, et que, puisque je n'étais pas programmé sur le terrain et suis le joueur avec la plus grande expérience de l'équipe, je n'aurai plus de carrière. Dans un tel scénario, c'en serait fini de moi. Voilà ce qui me traverse dans ce troisième set ; le genre de pensées qui ne présagent pas du meilleur pour la fin du match. Heureusement, au moment de servir pour mener deux sets à un, Bemelmans craque à son tour. Des « Gasquet ! Gasquet ! » d'une force insondable jaillissent du haut des tribunes de l'immense stade Pierre-Mauroy et, dans ce vacarme incroyable, je sens un influx d'énergie parcourir mon corps. Herbert, lui aussi, termine dans un état de forme proche du génial. Nous sortons de ce guet-apens en quatre sets. Jamais, de ma vie, je n'ai été aussi soulagé après un match de tennis.

Le lendemain, Tsonga perd face à Goffin ; mais Pouille, en battant Darcis dans le cinquième match décisif, nous offre ce titre de Coupe Davis. J'avais confiance en Lucas, un joueur très costaud, qui a toujours été un équipier modèle : il méritait que cet « honneur » lui revienne.

Seulement, les derniers jours ont été trop difficiles à vivre pour que je ressente véritablement la fierté qui serait de mise pour ce qui est pourtant le plus beau trophée de ma carrière. C'est un soulagement, plus qu'un accomplissement. Je sais que cela n'a pas grand-chose à voir avec le titre de 1991, qui avait changé la vie de ces joueurs français tombeurs de Sampras et Agassi à Lyon dans une euphorie folle. Après le match, l'ambiance était loin d'être au beau fixe ; la génération maudite que nous étions, celle « qui n'avait rien gagné » pour reprendre les mots de Noah, se *devait* de gagner. Le quitte ou double du samedi – on ne pourrait pas mieux le nommer – avait mis les nerfs de tout le monde à vif. J'avais traversé ce week-end dans un tel état de tension que je ne parvenais pas à apprécier la célébration. D'ailleurs cette victoire n'a pas vraiment été célébrée : pour des questions d'agenda, le président Macron n'a pas pu recevoir l'équipe gagnante. J'avais simplement l'impression d'avoir évité la chute. Si nous avions perdu, nous aurions dû quitter le pays, Yannick et moi les premiers. Mais en fin de compte, que d'émotions ! Je ne regrette aucune de celles que procure la Coupe Davis, cette compétition folle qui promet aux joueurs l'extase comme le désespoir, à doses égales. Même une finale en Grand Chelem ne m'aurait pas fait autant vibrer.

Une vie de saltimbanque

Il ne faut pas sous-estimer l'importance de la chambre d'hôtel dans la vie d'un joueur de tennis. On y habite en moyenne neuf mois sur douze... J'aurai tout de même eu une drôle de vie professionnelle, qui m'aura amené à vivre, en cumulé, un an et demi de mon existence en Australie et presque quatre aux États-Unis. De fait – et surtout une fois passée la trentaine et son lot de souffrances, provoquées par une vie ponctuée de tant de voyages –, j'ai développé un rapport assez particulier avec les chambres. J'ai commencé à ressentir le besoin de projeter, dans chacun des hôtels que j'occupais, une sorte de foyer. Inutile de dire que ce début de lubie peut causer de petites dérives comportementales !

Cela suscite, par exemple, une urgence de trouver l'endroit idéal afin d'être dans des conditions parfaites pour jouer le tournoi de Dubaï, de Toronto, de Chennai, de Umag ou de Viña del Mar. Cette obsession peut très vite devenir perturbante. Nos hôtels sont tous, bien sûr, très luxueux et fonctionnels – les logements moins confortables étant réservés aux joueurs qui ne bénéficient pas du feu des projecteurs. Malheureusement, l'âge aidant, j'ai développé une obsession galopante, qui peut confiner à la maniaquerie, j'en conviens volontiers. Lorsque l'on commence à y faire vraiment attention, notre environnement pullule de bruits parasites : l'ascenseur qui tressaute, la machine à glaçons dans le couloir qui crachote ses morceaux compacts, l'air conditionné qui récite sa petite partition, les voisins encombrants qui se livrent à un spectacle nocturne. Pour le dire de manière triviale : le bruit a fini par me taper sur le système. Cela se comprend – mon temps de sommeil détermine mon taux de récupération physique et, de fait, mon niveau de jeu lors des matchs du lendemain. Évidemment, la solution des boules Quies reste la plus adaptée et raisonnable. Mais j'ai aussi tendance à me servir de cette petite application qui calcule les décibels ; je pose mon téléphone sur le lit pour estimer les nuisances sonores qui m'entourent. Quand les chiffres sont trop élevés, que j'ai raté ma « chasse » à la bonne chambre d'hôtel, il m'arrive de changer quatre fois de chambre au cours d'une semaine. Oui, quatre fois…

New York est le pire endroit au monde pour des gens comme moi. Les souffleries, les clims sur les toits, les sirènes… Je deviens fou, dans cette ville ! En août 2019, alors que j'arrivais de Cincinnati où j'avais atteint les demi-finales, je m'étais retrouvé, comme souvent, dans le hall de l'hôtel St. Regis, pour m'y installer avant que ne démarre l'US Open. Soudain, mes oreilles ont commencé à bourdonner. Immédiatement, j'ai décrété qu'il n'était plus question que je loge ici. Mais, sans réservation, où pouvais-je bien aller ? J'ai planté mes valises à la réception, et fait le tour de Manhattan à la recherche de la perle rare. Trois heures de déambulation, six visites d'hôtel entre le Méridien, The Pierre, The Mark, avant de finalement jeter mon dévolu sur le Baccarat. Quand je vous dis que je ne plaisante pas avec le bruit… S'il faut déranger le personnel de la réception, je n'hésite pas un seul instant. Le Molitor à Paris, en septembre 2014, l'a appris à ses dépens : l'hôtel avait eu la mauvaise idée d'autoriser une soirée sur le toit de l'hôtel, alors que je disputais, le lendemain matin à 10 h 30, un match de demi-finale de Coupe Davis face à Tomáš Berdych. J'ai fait le nécessaire : la musique s'est vite arrêtée. Au City Garden à New York en août 2020, en pleine ère du Covid, après avoir reçu un protocole de cinquante pages de restrictions en tous genres, je pensais que nous serions isolés derrière une vitre en Plexiglas où que nous allions – fût-ce dans une chambre individuelle ; or j'avais découvert qu'un mariage était organisé quasiment derrière ma porte. J'avais trouvé cela risible, et doublement dérangeant : par principe, d'abord, puis du fait de ma sensibilité aux nuisances sonores pendant les tournois. Sans aucune hésitation, j'avais donc fait appel à la sécurité, direct.

Se trouver si souvent seul face à soi-même dans une chambre, même la plus insonorisée qui soit, peut se révéler très déstabilisant. Les matchs comportent déjà leur lot de contrariétés. Ce circuit a fait caresser la folie à un bon nombre de joueurs ! Certains choisissent d'utiliser la même douche pendant tout le tournoi ; d'autres, comme Marcos Baghdatis, lors de son parcours jusqu'en finale de l'Open d'Australie en 2006, ne changent pas de slip durant toute la compétition. Le stress, petit ou grand, est tellement omniprésent qu'il faut trouver des dérivatifs. Il y aura toujours un élément pour perturber un sportif : une balle de break à défendre, un point à gagner obligatoirement, une sensation qui tarde à venir. Face à cela, deux options sont envisageables : trouver une routine ou s'abandonner à la superstition en s'entourant de signes rassurants.

Je ne suis pas le dernier dans cette bande de maniaques… En position de retour sur une balle de break, je tape devant moi les quatre coins par terre avec la raquette. J'avais vu le joueur allemand Nicolas Kiefer le faire, cela m'avait plu. Autre chose, et bien sûr, tous ceux qui m'ont regardé jouer l'ont remarqué, lorsque je sers, je réutilise la balle avec laquelle j'ai gagné le point précédent. Cela m'est venu vers vingt ans. Ce n'est pas une obsession simple à satisfaire car il faut toujours avoir, dans un coin de sa vision panoramique, le ramasseur qui a récupéré la fameuse balle. Dans ma poche, je garde également toujours celle qui a fait partie de l'aventure du point marqué, comme une sorte de doublette gagnante. Les observateurs l'ont moins remarqué, mais je cache aussi toujours mes deux bouteilles derrière la housse de mes raquettes, housse que je place systématiquement en travers, juste devant mes pieds. Ce n'est pas très pratique, puisque cela m'empêche d'allonger mes jambes pendant les pauses. C'est un autre tic incompréhensible, que je ne contrôle pas. Cela énervait d'ailleurs beaucoup Guy Forget quand il était à mes côtés en tant que capitaine de Coupe Davis. « Mais Richard, fous-là ailleurs, cette housse, merde ! »

Après avoir gagné vêtu d'un T-shirt rouge contre Federer à Monaco en 2005, il avait été très difficile de me faire changer de coloris par la suite, malgré les impératifs de l'équipementier. La tenue n'était pas exceptionnelle, j'ai pourtant réussi à la faire accepter pendant six mois à mes sponsors. Au moment de changer, je me souviens avoir été très embêté. Souvent, au quatrième ou cinquième set d'une rencontre dont l'issue était hasardeuse, je ressortais la tenue rouge le temps de terminer la partie…

Drôle de cirque que ce circuit ATP. Tout y est consacré en permanence au tennis, chaque joueur est loin de ses bases, vit un train-train rythmé par ses entraînements, ses matches, ses soins, sa récupération, et les face-à-face dans les repas avec son coach. La relation avec l'entraîneur a donc tout intérêt à être fluide, il faut extrêmement bien s'entendre pour être capable de parler de tout et de rien durant de longues semaines loin de chez soi. Que l'on soit accompagné d'entraîneurs ou d'autres joueurs – pour moi, essentiellement d'autres Français –, les restaurants sont des sas de décompression : ils tiennent une place fondamentale, puisqu'ils sont les seules sources de véritable réconfort et de légèreté durant des journées qui se ressemblent tant d'année en année. Je vais souvent dans les mêmes, par habitude, et parce qu'il faut être certain de s'y sentir bien, là aussi. Étant donné toutes les villes qu'il traverse durant sa carrière, tout joueur de tennis pourrait faire fortune en publiant des guides gastronomiques. Dans le mien, il y aurait Serafina à New York, un *pasta bar* hors du temps à Tokyo et un restaurant absolument titanesque accueillant 4 000 convives par soirée, que j'avais découvert en Colombie lors d'une sortie avec Adrian Mannarino.

Mais… attention aux desserts. Attention au vin blanc, mauvais pour les articulations. Attention aux excès, de manière générale ; mon péché mignon restera le Coca-Cola. Globalement, il est interdit de se lâcher entièrement. Une carrière de tennis représente beaucoup de sacrifices ; c'est une quête, centrée sur la performance, qui finit par structurer un style de vie millimétré.

Le repas que tu déclines, la soirée que tu refuses pour privilégier l'entraînement du matin, les vacances – trop courtes – font partie d'un calcul dépendant de la programmation d'un calendrier toujours plus dense, du 1er janvier à la mi-novembre. Le niveau moyen augmente chaque année, et le 100e mondial actuel est bien plus fort que celui d'il y a dix ans ; les matches deviennent sans cesse plus difficiles, et ce dès les premiers tours. Difficile de se lâcher pendant les vacances quand on sait que la concurrence s'entraîne dur.

Comme je suis incapable de rester allongé une journée sur un transat, et qu'il me coûte de reprendre l'avion pour les vacances, je préfère passer mon temps dans mon Sud natal. Je vais parfois à Londres pendant la trêve hivernale. Cela me plaît d'aller y voir des matches de foot de Premier League, ceux d'Arsenal notamment. Mais même là, je suis rattrapé par le tennis. Lors de congés que je passais là-bas, des contrôleurs anti-dopage étaient venus inopinément me rendre visite, à l'adresse que j'avais indiquée – puisqu'il nous est obligatoire de signaler quotidiennement l'endroit où nous pouvons être trouvés, sous peine d'être interdits de jouer. Cette obligation m'a donné, tout au long de ma carrière, le sentiment d'être prisonnier de mon statut de tennisman professionnel.

Certains idéalisent ce nomadisme, pensent que les joueurs profitent de cette vie de voyage pour faire du tourisme. Combien de fois m'a-t-on demandé : « Et tu as le temps de visiter, pendant les tournois ? » D'Acapulco à Sydney, le nom des destinations sonne plutôt bien, c'est vrai... Mais non, pas vraiment. La routine professionnelle nous happe et la seule perspective qui nous habite est celle de gagner des matchs pour engranger des points au classement. Lorsque nous perdons, la seule envie qui nous traverse est de quitter la ville, qui nous semble aussitôt maudite. En 2010, j'avais perdu mon match contre Monfils en 8e de finale de l'US Open. J'étais sorti blême du court, j'avais filé en survêtement à l'hôtel et mis en boule toutes mes affaires dans la valise ; moins de trois heures après la balle de match, je m'étais présenté à l'aéroport JFK. J'aurais du mal à écrire un guide touristique. Je pourrais peut-être vous glisser un petit mot sur le musée L'Ermitage à Saint-Pétersbourg, où je me suis rendu une fois. Un autre, sans doute, sur les fameux funiculaires de Valparaíso que nous avions empruntés avec mon père. Pas grand-chose d'autre, finalement.

Des voyages, pourtant, nous en faisons, oui. De vrais collectionneurs de miles ! Je pense, dans ma carrière, avoir dépensé plus d'un million et demi d'euros en billets d'avion. Quand on pense qu'un aller-retour pour l'Australie coûte environ dix mille euros, la facture finale grimpe très vite ! Il m'est aussi arrivé de partir pour rien, ou presque. En février 2021, en rejoignant Melbourne après un très long vol, je m'étais vu imposer, comme les autres, par les autorités australiennes, quinze jours de quarantaine stricte, avec deux heures de permission autorisées pour sortir m'entraîner. Le tout pour finalement ne disputer aucun match à l'Open d'Australie à cause d'une malencontreuse blessure au pied... Vous imaginez mon état mental durant les vingt heures d'avion au retour. Malgré tout, je ne voudrais pas que l'on croie que je me plains de cette vie sportive palpitante qui a été la mienne. Cette dernière présente de nombreux avantages : j'ai passé tant de moments hors du temps, à humer les atmosphères les plus surprenantes que notre planète a à offrir. À Moscou, par exemple, en me baladant un soir à quatre heures du matin, j'étais tombé sur des policiers qui m'avaient rudement contrôlé parce que je n'avais pas de passeport. Pour repartir, j'avais laissé un petit billet.

Nous sommes payés pour vivre tous ces périples. Je dirais même que nous sommes très bien payés pour cela. Assez pour oublier bien des tracas. Au reste, je n'ai jamais vraiment été grisé par l'argent. Bon... Un peu, au début, quand, à vingt et un ans, je me suis acheté, comme première voiture, une Aston Martin. Mais moi qui étais si jeune, et qui pouvais largement me le permettre, comment aurais-je pu ne pas être attiré par l'idée de conduire une belle bagnole ? C'est le schéma classique. Je m'étais offert cette petite folie sans même encore avoir le permis, et mon père m'accompagnait pour que je puisse rouler sur cinquante mètres sans circulation à Bagatelle, non loin de Roland-Garros. Cela a dû se savoir, ou peut-être avais-je dit au détour d'un article que je conduisais sans permis ; toujours est-il qu'un soir, je m'étais fait arrêter sur les Champs-Élysées par un policier qui semblait n'attendre que moi.

J'ai toujours eu de la chance avec les flics, ils se montrent toujours très sympathiques avec moi ; on en arrive très vite à parler de sport. Mais celui-là était obstinément sérieux, et d'un ton très sec, il m'avait dit : « Papiers du véhicule, et permis, s'il vous plaît. » Je le sentais très proche de s'énerver. Il avait pris un air penaud lorsque je lui avais présenté mon permis... que je venais tout juste d'obtenir ! Je n'ai pas pu me retenir d'ajouter, face à sa mine dépitée : « Dommage, je conduisais sans il y a tout juste quelques jours. Vous arrivez trop tard ! » J'avais volontairement omis de lui raconter dans quelles conditions je l'avais obtenu...

J'avais passé le permis pendant Roland-Garros, dans des conditions inoubliables. Au moment même où Monfils disputait sa demi-finale contre Federer, je roulais à côté de Roland pour rejoindre Bièvre, en plein examen. Je pouvais entendre les clameurs du stade. Dans la voiture, on écoutait la radio ; elle diffusait le match. Alors que j'étais en pleine manœuvre, le commentateur avait crié : « Balle de break, Federer ! ». J'avais été catastrophique sur la conduite mais je m'en moquais. Monfils-Federer en demie de Roland, c'était trop important. À la fin de l'examen, pas du tout concentré, j'avais calé puis effectué un créneau pour me garer : la voiture débordait aux trois-quarts. En me quittant, l'examinatrice m'avait dit : « J'aime beaucoup le tennis. » J'ai alors su que j'allais avoir le permis. Même si sincèrement, je ne le méritais pas. Au moins, j'allais pouvoir conduire mon Aston Martin... ! Aujourd'hui, je roule en Range Rover : je n'ai finalement pas été dévoré par la passion de l'automobile.

Ni par cette passion, ni par tout ce qui brille, en fait. Malgré l'état plus que favorable de mes finances, je n'ai jamais flambé, car je n'ai tout simplement pas de gros besoins. Mon train de vie n'est pas dispendieux, je n'ai pas de goûts de luxe. Je n'ai pas besoin de grand-chose pour être satisfait. Le côté *people, showbiz*, je n'aime pas du tout cela. J'ai toujours aspiré à la simplicité et, quand je m'arrêterai, il n'en faudra pas beaucoup pour me combler : une inscription dans un club de golf, et un ballon pour aller jouer au foot avec les copains. J'ai eu la chance aussi de ne pas me surestimer en matière d'investissements. Avec ce que je représentais, les banquiers – ou les nouveaux amis – sont très vite apparus dans ma vie, voulant me conseiller tel ou tel placement ou opération immobilière. J'en ai vu, des sportifs tentés par des investissements qui se sont avérés terribles pour leur porte-monnaie. Je n'ai pas essayé grand-chose, je n'y connaissais rien et cela ne faisait pas partie de ma formation. J'ai eu la chance d'avoir un entourage solide, et notamment mes parents, pour prévenir toute prise de risque inutile. L'argent, dans ce milieu, peut rapidement devenir un piège beaucoup plus qu'une source de plaisirs. Je ne suis pas tombé dedans. À trente ans, je ne savais toujours pas exactement combien j'avais sur mon compte ; je savais seulement que je pouvais m'accorder de petits plaisirs à l'occasion, sans réfléchir.

Concernant mes relations avec la gent féminine, comme diraient les Inconnus, « tout cela ne vous regarde pas », mais je ne résiste pas au plaisir de vous raconter cette petite histoire datant de mai 2005, durant le tournoi de Rome. J'ai dix-huit ans et sors tout juste d'une succession de performances phénoménales qui m'ont mené jusqu'en demi-finale à Monaco après avoir battu Federer. Je n'avais pourtant pas obtenu la *wild-card* que j'avais demandée au directeur Sergio Palmieri et, juste après m'être qualifié pour le tableau principal, j'étais assis en terrasse avec Gilles Simon, subjugué par la jolie Italienne qui venait de passer devant nous. Le genre de filles sur lesquelles il est difficile de ne pas se retourner. Comme pour un jeu entre potaches, je demande à Gilles : « Toi, tu préférerais gagner ou passer la soirée avec la fille qu'on vient de voir ? » Il ne répond pas trop, mais j'ai ma petite idée. « Pour moi, je dis, il n'y aucun doute, je suis prêt à perdre ! » Je ne suis pas vraiment loin de le penser, même si ça concerne le premier tour d'un Master 1000. Et... coup de théâtre ! Le soir à 22 h, dans ma chambre d'hôtel, le téléphone sonne. À l'autre bout du fil, une fille, qui appelle de la réception. Elle veut passer me voir. Il ne me faut même pas deux secondes pour comprendre que c'est la jeune femme de tout à l'heure. Parfois, tout vous sourit...

La soirée est parfaite et le lendemain, je dois affronter mon adversaire du premier tour, que j'avais vu rentrer avec une fille dans sa chambre à 22 h, et que je vois avec une autre au petit déjeuner le lendemain... ! J'avais souri, moi qui me prenais pour un tombeur et m'étais dit : « C'est pas possible, c'est un génie, ce type ! » Mais, l'après-midi, il ne mettait plus une balle dans le court et j'ai très vite mené 6-0, 4-0, pour ensuite me qualifier très facilement. Évidemment, je me suis permis d'appeler Gilles dans la foulée. « Tu sais quoi ? J'ai gagné mon match... et j'ai vu la fille ! » Depuis, j'ai répondu à ma propre interrogation : je préfère toujours gagner un match que passer un bon moment accompagné.

Voilà pourquoi, jour après jour, dollar après dollar, soin après soin, hôtel après hôtel, ville après ville, tournoi après tournoi, dépit après dépit, petite joie après grosse joie, je continue à mener avec gourmandise cette existence de saltimbanque. Je jouis de cette chance inouïe de parader devant des gens qui vibrent pour ce que je leur montre, et j'aime encore me gonfler de cette adrénaline qui me fait oublier tout ce qui peut me faire perdre la tête : l'anxiété de performance qui grandit parfois au rythme d'un compte en banque tout aussi dangereux. Si je n'ai jamais trop aimé jouer à Indian Wells, dans ce désert où les divertissements sont rares, si j'ai apprécié Montpellier, ma ville de cœur, Monaco, ville de mes grands débuts, Buenos Aires pour son engouement et Montréal pour le plaisir que j'avais à y aller, mon court préféré reste de loin le Arthur Ashe Stadium à Flushing Meadows, à New York, le soir. Quelle claque lorsqu'on entre dans ce cratère rempli de 22 547 personnes, dont celles installés au sommet des gradins semblent toucher le ciel ! La *night session* de New York est au-dessus de tout. Elle est plus impressionnante que le vénérable *Centre Court* de Wimbledon, plus même que le Philippe-Chatrier à Roland qui ressemble, en comparaison, à un petit village. Le Arthur Ashe, c'est la démesure des bruits et des images, une atmosphère électrique, de la musique à fond pendant les changements de côté. Les images du grand écran te renvoient à l'univers hollywoodien. Il m'est arrivé de lever la tête et de voir Justin Bieber, Leonardo DiCaprio, Will Ferrell ou encore Beyoncé m'applaudir. J'ai eu la chance de jouer six fois sur ce terrain : contre Ginepri, Hewitt, Nadal, Ferrer ou bien Medvedev, et je n'ai pas de honte à dire que, pour certaines d'entre elles, ce sont les seules fois de ma carrière où j'aie eu peur avant une rencontre. Oui, j'ai eu peur, dans ce couloir, peur de sortir et d'affronter ce vacarme étourdissant, de plonger dans cette incandescence. Ce sont ces moments qui te percutent assez fort pour te rappeler ton statut si particulier de joueur de tennis.

Quand un chanteur rentre sur scène pour un concert, il sait que tous les spectateurs présents sont là pour le voir parce qu'ils l'aiment. Ils connaissent tout de son répertoire, de sorte qu'il n'a que peu de chances de les décevoir. J'en avais parlé un jour à Yannick, la personne idéale pour comparer les deux ambiances. Il m'avait répondu : « Pour moi, le pire c'est quand je vais faire un concert à Bercy. Quand je retourne là-bas, j'ai l'impression que je vais jouer un match de tennis. Il se crée une ambiance dans le vestiaire qui fait que je ne me sens pas bien... Cela me replonge dans ma vie avec une raquette. »

J'avais donc la confirmation que, quelle que soit l'intensité des concerts, un chanteur ressentait moins de stress que nous. Sans doute parce que le tennisman peut décevoir, même ses fans les plus énamourés. Il est seul au milieu de la foule ; ses maladresses et erreurs n'échappent à personne, quand il en commet. Mais n'est-ce pas justement le risque de décevoir qui donne toute leur saveur à ces soirées où l'on finit par faire des merveilles ?

Jeune surdoué et senior avisé

Je suis un jeune surdoué qui a terminé en vieux grognard pas malhabile. Précoce, et crédible sur la durée. On m'a beaucoup répété que je n'avais gagné aucun des grands titres du circuit, en oubliant parfois que certaines statistiques me placent au sommet de quelques catégories respectables. Je suis notamment un as de la longévité ! Il faut bien savoir se vendre, non ?

Concernant l'âge d'accession au Top 100 des joueurs en activité, avec mes 17 ans et trois mois, je suis le deuxième de l'histoire, juste derrière Nadal à 16 ans et 10 mois, mais devant Ćorić, del Potro, Alcaraz, Zverev, Djokovic ou Federer (18 ans et deux mois). Je suis entré dans ce saint des saints le 29 septembre 2003, avant d'en sortir brièvement quelques semaines en février 2004, puis pendant presque un an dès avril de la même année. Depuis le 18 avril 2005, j'y suis resté. J'ai passé plus de huit cents semaines dans ce wagon mythique ; seuls Federer et Nadal ont fait mieux. À dix-neuf ans tout rond, je fais également partie des plus jeunes joueurs à être entrés dans le Top 20. Seuls Alcaraz, qui y a accédé à 18 ans et 9 mois tout récemment, et Nadal à 18 ans et 10 mois, ont fait mieux.

Durant toutes ces années, j'ai levé plus de cinq cent soixante fois les bras en vainqueur. Là encore, je suis bien accompagné dans ce cercle des abonnés à la victoire sur le circuit ATP. J'y figure à la cinquième place, derrière Federer, Nadal, Djokovic et Murray. Devant Čilić et Verdasco, et derrière les membres du fameux *Big 3*, je suis, parmi les joueurs en activité, le joueur le plus proche des six cents victoires. De ce club, je suis celui qui possède le moins beau palmarès – et de loin. Mais je fais partie du club.

Qu'est-ce que cela m'inspire ? Que j'ai toujours été à fond dans le tennis. Que j'ai toujours eu cette passion du jeu, et l'envie de bien faire. Je savais gagner des matches : il était rare que je perde contre un joueur situé au-delà de la trentième place mondiale. Mon premier point ATP – toujours symbolique –, je l'ai marqué en septembre 2001, lors du premier tour d'un tournoi Futures à Bagnères-de-Bigorre. J'avais quinze ans, j'étais classé -4/6, et j'avais marqué ce point face au quinzième meilleur Français de l'époque, Lionel Roux, qui avait fait partie du Top 50 mondial. Nous étions arrivés de Sérignan avec mon père, relâchés, pas spécialement attendus. Lui, en fin de carrière, n'avait pas fait son meilleur match, loin de là. Je le sentais pris par le stress, celui de perdre contre un petit jeune. Nous nous sommes souvent revus ; notamment quand il a été entraîneur de Coupe Davis. Je l'ai un peu chambré en lui rappelant ce souvenir, marquant pour moi. Mais je n'ai jamais trop insisté. J'ai bien senti que je touchais un point sensible...

J'ai aussi su traverser les époques, en commençant à l'ère Sampras pour finir avec celle d'Alcaraz. Quand ce dernier est né, le 5 mai 2003, j'étais déjà 118e mondial... Pete Sampras, lui, je ne l'ai côtoyé qu'une fois lorsque nous avons été dans le même tableau du tournoi de Roland-Garros 2002. J'ai également eu la chance de faire face à un monstre de cette époque, et pas n'importe qui : Dédé. Le grand Andre Agassi. Je ne peux pas dire qu'enfant, j'avais une idole, mais disons que le *Kid* de Las Vegas était celui qui s'en approchait le plus. Il avait un truc en plus, un mélange d'aura et de style qui le plaçait au même rang que les Borg, McEnroe, Federer et Nadal. Mon club des cinq légendes.

Et voilà que je l'affronte au deuxième tour du Masters 1000 de Rome en 2005, sur la terre battue du Foro Italico. Deux semaines avant, je venais de frapper le fameux grand coup à Monaco. Une semaine après, j'atteignais la finale à Hambourg. Je marchais sur l'eau. Mais, contre Agassi, je n'ai littéralement pas pu jouer. Il était celui que je regardais à la télévision avec les yeux de l'enfance. J'étais trop impressionné – bien plus que contre Federer à Monaco quelques jours plus tôt. J'ai perdu 6-2, 6-3, sans même tenter ma chance. Simplement content de vivre ce moment fabuleux. Après le match, nous avions eu un drôle d'échange dans le vestiaire. Il m'avait dit : « J'ai vu ton match contre Roger à Monaco, bravo ! » Un peu décontenancé et fébrile, j'avais répondu : « Tu es le plus grand joueur que j'aie rencontré. Ta balle, elle va à 3 000 à l'heure. Bien plus vite que celle de Federer. » Et lui de me répondre : « Tu en es sûr ? » Non, en fait, je ne savais pas trop – mais c'était l'enfant que j'étais encore qui avait parlé.

Depuis, j'ai eu le temps de devenir un vieux briscard. Un juge de paix sur plus de vingt ans de l'histoire du tennis. Qu'est-ce qui a changé le plus selon moi ? Je dirais l'environnement. En 2005, quand je débarque dans l'ancien vestiaire à Flushing Meadows, il y a une tireuse à bière… Et derrière, une petite pièce d'échauffement avec au sol, une sorte de tapis de gymnastique bleu. C'est tout. Aujourd'hui, j'ai le choix entre 250 compléments alimentaires différents, trois salles de gym et trois entraîneurs physiques différents. J'exagère à peine. Le circuit n'a plus rien à voir avec ce qu'il était il y a vingt ans. Les joueurs sont bien mieux préparés. Voilà pourquoi je ne me risquerai pas à comparer les générations : nous ne jouons pas avec le même matériel, ni avec la même idée de la performance. Ce n'est pas une question de talent. Toute ère recèle son quota de très grands champions – dont on peut se dire qu'ils auraient sans doute trouvé la solution pour dominer aussi à la génération suivante. Mais sans vouloir être méchant ni prétentieux, lorsque je regarde des extraits d'un match d'une autre époque, il m'arrive de me dire que ça n'avance pas.

Aujourd'hui, nous devons composer avec des joueurs ultra-complets, sans les lenteurs qu'il pouvait y avoir avant en fond de court. Il y a des gars de presque deux mètres comme Daniil Medvedev qui courent avec autant de facilité que ceux des années 1990 qui mesuraient 1,70 m. C'est, selon moi, l'une des plus grandes caractéristiques de l'époque dans laquelle j'ai joué : les grands, ceux qui tirent un avantage de puissance avec leur gabarit, se déplacent avec la même agilité que tout le monde. De plus, le physique a pris un pas énorme sur le jeu et sur la stratégie. Aujourd'hui, les gars qui frappent fort sont aussi en mesure de le faire des quatre coins du court sans rompre physiquement.

J'ai parfois l'impression de vivre dans un monde de cyborgs inépuisables, qui ne lâchent jamais. C'est pour cela que j'ai un petit faible pour Nick Kyrgios – même si, il y a quelques années, il avait sauvé un jour neuf balles de match avant de m'éliminer à Wimbledon. C'est un bon mec, naturel, touchant, un peu comme Benoît Paire. Ces deux-là sont de vrais joueurs de club, comparables aux 15/4 des matches par équipe du dimanche qui s'énervent d'un seul coup et balancent des points sans que l'on sache comment, ni pourquoi. Ils font vivre au public des choses rafraîchissantes, peu conventionnelles. Et cela fait du bien. Moi, je n'ai pas ce sens du spectacle, je n'ai jamais été un expert dans l'expression de mes sentiments. Je n'avais pas leur folie. D'ailleurs, ma disqualification à l'US Open en 2004 pour jet de raquette m'avait sans doute calmé à jamais.

Sans fioritures, je suis tout de même parvenu à me bâtir un palmarès lesté de quinze titres sur le circuit, le troisième meilleur résultat d'un Français après Yannick Noah (23) et Jo-Wilfried Tsonga (18). Le premier a été celui que j'ai remporté en 2005 à Nottingham, le dernier à 's-Hertogenbosch en 2018, treize ans plus tard. Cela me semble illustrer la longévité dont je vous parlais plus tôt. En ajoutant dix-sept finales perdues, et un ratio très correct d'environ un match sur deux perdus à ce stade, je peux me permettre de répéter que mon mental ne m'a pas fait défaut dans les grandes occasions.

Pour moi, les finales étaient *les* matchs à gagner. Je ne les abordais pas en jouant petit bras, mais plutôt galvanisé en me disant que si j'étais parvenu en finale, c'est que je jouais bien. J'ai remporté ces titres sur toutes les surfaces, de la terre battue (3) au dur (9) en passant par le gazon (3), à l'extérieur ou en *indoor*. Nous ne sommes qu'une petite quinzaine en activité à l'ATP (Federer, Nadal, Djokovic, Bautista-Agut, Čilić, Dimitrov, Kohlschreiber, López, Murray, Pouille, Querrey, Seppi, Thiem) à nous être débrouillés ainsi sur tous les types de terrains proposés. Comme eux, je pouvais bien jouer partout, sans me focaliser sur les avantages et les inconvénients de telle ou telle surface. Sur herbe, il faut être très performant au niveau du bas du corps, et cela m'allait bien. Je bougeais correctement sur le court, je retournais bien, j'arrivais à jouer en *chip*. Cette surface nécessite, pour gagner, d'avoir une bonne main, de se montrer plutôt malin, de savoir monter au filet et de varier son jeu. J'aime la terre battue, aussi, sans doute le terrain de jeu le plus favorable à ceux qui aiment construire les points. J'ai été aidé par ma capacité à lifter, à donner beaucoup d'effets dans ma balle – elle gicle, ce qui la rend très difficile à jouer. Là où j'avais le sentiment d'être moins fort, c'était en *indoor*, justement parce que les effets sont annihilés sur ce genre de terrain ; ils profitent aux adversaires jouant à la bonne hauteur.

Cela ne m'a pas empêché de remporter six titres sur cette surface, dont trois à Montpellier (2013, 2014, 2016), un joli clin d'œil pour le régional de l'étape dans une grande salle où je me sentais à l'aise, tout simplement. Là-bas, j'ai joué six finales de suite, une rareté sur le circuit ATP. Seul Ievgueni Kafelnikov a réalisé cet exploit à Moscou. Un local, lui aussi. Jouer chez soi est assurément un grand avantage... C'est magnifique de gagner à la maison.

Difficile pour moi de dire quel a été le plus beau titre. D'une certaine manière, ils le sont tous. Ce n'est jamais simple d'aller au bout d'un tournoi. Je retiens évidemment Nottingham en 2005, parce que c'est le premier, et que je l'ai remporté le jour de mes dix-neuf ans. À la fin du match, Mirnyi avait fait chanter « *Happy birthday, Richard* » à toute la foule. Le soir même, j'avais vite pris un train pour Londres, juste avant Wimbledon, où j'avais rejoint Gaël (Monfils) pour fêter mon titre et mon anniversaire, accompagné de Françaises rencontrées à Kensington.

Lyon, en 2006, est un titre phare de mon classement, un tournoi important de la saison *indoor*. Sampras avait inscrit son nom au palmarès ; j'avais battu Safin au premier tour dans cette quête du titre – Safin, à l'époque, n'était pas n'importe qui dans mon imaginaire personnel. Je pense aussi à Nice, en 2010, vraiment une belle finale remportée 6-3, 5-7, 7-6 contre Verdasco, à une époque où je tentais de revenir dans la compétition après le contrôle positif à la cocaïne. La victoire de Nice symbolise le début d'une deuxième carrière pour moi. C'est à ce moment que je m'extirpe vraiment de la galère dans laquelle je pataugeais depuis des mois. Je me souviens d'un Verdasco devenant fou et s'embrouillant avec le public, qui m'encourageait beaucoup. Il ira jusqu'à crier : « Connards de Français ! ». Il avait craqué et nous nous étions accrochés tous les deux – chose qui est arrivée très rarement dans ma carrière. Dans les tribunes, même Jean Gachassin, le président de la FFT, et Christian Estrosi, l'homme politique niçois, me manifestaient leur soutien. Les deux ne m'avaient pas lâché du match ! J'avais l'impression, après tous ces ennuis, que tout le monde souhaitait me voir me relever.

Cruelle anecdote, c'est un autre Français qui m'a privé d'une partie de mes chances, la semaine suivante, à Roland-Garros. Le tirage au sort m'avait offert Andy Murray au premier tour. Or, la finale à Nice, exténuante, avait eu lieu le samedi et j'étais programmé dès le lundi à Roland. Gilbert Ysern, le directeur de la FFT, avait été terrible et avait refusé de reporter le match à mardi pour que je puisse récupérer en soutenant : « C'est la même chose pour Verdasco ! » Sauf que Verdasco n'est pas français... J'avais trouvé ça inadmissible. Arnaud Lagardère avait également envoyé un message au président de la Fédération. En vain...

En 2012, à Bangkok, je remporte le tournoi dans une tout autre ambiance que celle survoltée de Nice. Cette fois-ci, je me trouve sans mon coach Riccardo Piatti, qui n'a pas fait le voyage. Je vis ma vie pour la seule et unique fois de ma carrière. J'allais manger seul tous les soirs dans un restaurant français, à dix minutes à pied de l'hôtel. Cette ambiance tranquille me plaisait bien... Cette anecdote est l'occasion pour moi de souligner à nouveau l'importance d'une atmosphère favorable lors d'un tournoi : les bonnes ondes infusent pour rendre le jeu plus fluide. J'avais battu Gilles Simon en finale.

À Doha, pour le lancement de la saison 2013, le contexte était plutôt favorable, aussi. Les joueurs du PSG, mon club favori, y faisaient leur stage de préparation hivernale, et j'étais bien évidemment allé assister à l'une de leurs sessions d'entraînement. Je me souviens encore du bruit des frappes lourdes de Zlatan Ibrahimović ! Nasser al-Khelaïfi, le président du club, s'était montré très sympa. Il m'avait offert un iPad et un abonnement BeIn monde afin de suivre tous les matches du PSG. On ne pouvait me faire plus plaisir... La semaine avait été sympathique et j'avais battu Nikolay Davydenko en finale. À l'époque, il pointait à la 44e place mondiale, mais il avait été dans le Top 3 à certains moments de sa carrière et venait d'éliminer David Ferrer (5e mondial).

J'ai souvent entendu que mes trophées n'avaient été remportés que dans la catégorie des tournois 250, le quatrième échelon après les Grands Chelems, les Masters 1000 et les ATP 500. J'ai aussi eu droit à cette statistique : durant mes quinze campagnes victorieuses, je n'ai éliminé qu'une seule fois un joueur du Top 10. Certes, mais battre Davydenko, ce n'est pas rien non plus. Les titres, les matches, les victoires, il faut aller les chercher. J'ai vaincu de super joueurs durant ces parcours. La différence entre les ATP 500 et les ATP 250, honnêtement, je ne la vois pas, à l'exception du montant de la récompense. Et, à l'ère du *Big 3*, j'ai déjà expliqué le contexte éminemment compétitif des Grands Chelems et des Masters 1000, où Djokovic, Nadal et Federer ont gagné à eux seuls plus de cent dix titres…

Pour compléter ce palmarès, j'ai eu le bonheur d'ajouter une cerise au gâteau, une cerise en bronze, celui de la médaille récoltée avec Julien Benneteau aux Jeux olympiques de Londres de 2012, dans la compétition de double. Pour être franc, j'ai du mal à classer cet accomplissement au sein de mon parcours. Je n'en reparle pas avec des tremolos dans la voix, mais j'en garde un joli souvenir. Les Jeux sont une belle expérience, mais les Grands Chelems, voilà les compétitions qui *comptent*. Le défilé au moment de la cérémonie d'ouverture, les quelques jours au village olympique, les autres qui ont suivi dans une maison de Wimbledon avec les membres de la délégation tennis, la soirée au Club France au bord de la Tamise, passée à discuter avec des nageurs, tout ce beau monde la médaille au cou, voilà qui est ancré dans ma mémoire. Malgré tout, cela reste largement en dessous de ce que j'ai pu ressentir pendant mes demi-finales de Grand Chelem, et lors des campagnes de Coupe Davis. Voilà, les Jeux olympiques furent un bref intermède, honorifique et sympathique.

Initialement, il était prévu que je sois associé à Gaël pour des histoires de classement, mais il s'était blessé et je n'étais pas si mécontent d'y aller avec Julien, qui est un meilleur joueur de double et un bon guerrier. Avec lui, je partais l'esprit tranquille, sachant qu'il tiendrait solidement sa partition, et qu'il donnerait tout. Au deuxième tour, face à la paire indienne Bhupathi-Bopanna, alors que je sers à 3-1, 30A, je le vois faire une galipette arrière après avoir essayé de rattraper acrobatiquement un retour long de ligne. J'entends un cri de douleur, il hurle, le kiné arrive, on le porte jusqu'à la chaise. Pour moi, nos Jeux sont terminés. Je lui glisse : « Bon, ben, Bennet, on va abandonner, c'est mort. Te fais pas plus mal que ça, ce n'est pas grave, pense à la suite de la saison. » Et lui me répond : « Non, je vais essayer ». On reprend, à 30-40 donc. Je fais trois bons services de suite qui nous offrent le jeu. Et là, Bennet se retourne vers moi en criant un énorme : « Allez ! ». J'ai bien vu que les Indiens n'avaient qu'une envie à ce moment, se jeter sur lui. Nous nous étions arrêtés plus de dix minutes, ils avaient forcément pensé que le match était dans leur poche. Bennet l'avait en fait un peu jouée à l'intox...

En demi-finale, nous nous étions inclinés fort logiquement contre les frères Bryan, bien meilleurs que nous. Il restait donc la « petite » finale, pour la troisième place, face aux Espagnols López et Ferrer. La nuit précédant le match est compliquée, je n'ai pas envie de finir quatrième, place trop cruelle symboliquement, celle qui ne rapporte rien après une semaine d'efforts... Là encore, Bennet est dans le bon tempo. Avant la rencontre, il dissimule sa nervosité. Il se montre rassurant dans son discours, son attitude, et puis dans son jeu évidemment. Pendant les Jeux olympiques, j'étais au-dessus de lui – je pense être un meilleur joueur –, mais je n'aurais pas remporté une médaille sans lui. Pendant tout le premier set du match pour la troisième place, il me demande sans cesse d'être agressif. J'ai fait un mauvais début et Julien m'aide bien – surtout à 5 partout, alors que j'ai été catastrophique au service. Il me dit : « T'es un monstre, t'es le plus fort, t'es plus fort que ces mecs-là ! » Dans le tie-break qui suit, je sors l'un des plus beaux coups de ma carrière sur la balle de set, un passing smashé en revers sur une attaque adverse, suivi d'une petite course de joie sur le court comme si j'étais monté sur une mobylette. Bennet dira plus tard que c'était un coup de génie. Les Espagnols ne s'en sont pas remis.

Grâce à la médaille d'argent obtenue par la paire Tsonga-Llodra, nous offrons à la France une récompense unique, celle d'être multi-médaillée en tennis pour la première fois depuis 1924. Les festivités olympiques ont à peine commencé que c'est déjà terminé… ! Ce soir-là, je dors à peine trente minutes – Jo a préféré la nuit blanche – avant de me rendre à l'aéroport, direction Toronto, pour y disputer le tournoi Masters 1000, où je vais d'ailleurs atteindre la finale (perdue contre Djokovic) après des victoires face à Berdych, Fish et Isner. La médaille s'oublie vite dans ces conditions… Je peux vous dire qu'une fois que le tirage au sort a été effectué à Toronto, plus personne ne parlait des JO.

Dans quel autre sport voit-on cela ? Un calendrier si intense qu'il est impossible de savourer une victoire olympique… Les médaillés d'autres sports bénéficient systématiquement de quelques semaines de décompression. Le grand public ne se rend pas compte que le tennis est le sport international le plus intense qui existe, en dehors peut-être du football. Nous jouons dans le monde entier face à une concurrence exacerbée. J'ai l'impression que les champions olympiques d'autres disciplines sont bien plus valorisés alors même que leurs disciplines sont sans doute moins concurrentielles que le tennis. Ces médaillés d'or olympiques deviennent des exemples de culture de la gagne et du don de soi, tandis qu'un tennisman n'est respecté que s'il est n° 1 mondial ou vainqueur d'un titre de Grand Chelem. Je trouve cela injuste, et inapproprié. J'imagine que le niveau d'exigence quotidienne est le même chez n'importe quel athlète de haut niveau ; mais dans des sports plus confidentiels, la puissance adverse me semble moins impressionnante. Il est sûrement plus facile d'exister dans un autre sport que le tennis, où, ne serait-ce qu'en France, il faut déjà être le meilleur parmi un million de licenciés… !

Ce qui m'a manqué n'est pas ce que vous croyez

J'ai été classé 7e joueur mondial. Alors, oui, j'aurais peut-être pu davantage jouer vers l'avant, avoir un meilleur physique, récupérer mieux ou encore servir à 210 km/h. Avec cela, j'aurais sans doute été n° 1 mondial, et gagné des titres en Grand Chelem. Mais je ne l'ai pas fait. Et il y a forcément des raisons. C'est ce qui est bien, avec le tennis : ce sport a cela d'implacable, et de fondamentalement *juste*, qu'il met constamment en relief ce qui manque chez un joueur, ce qui, malgré des trésors de ténacité, est resté pour lui dans le domaine de l'irréalisé. On ne peut rien cacher. Tout se paye de manière presque mathématique : il faut faire face, un jour, à son propre plafond de verre. Le mien s'est situé très haut dans la hiérarchie d'un sport joué sur l'ensemble de la planète. Certains ont jugé que ce n'était pas assez.

Je n'aurais pas suffisamment travaillé mon physique, notamment. Je ne vais pas mentir : je n'ai pas celui de Nadal. Là encore, on me compare à l'un des monstres en la matière, oubliant de préciser que je suis moi-même une référence pour d'autres joueurs, moins résistants. On peut dire que je suis l'un des joueurs aux jambes les plus rapides. Ils sont peu nombreux à me dépasser sur le circuit. Je suis fort du bas du corps grâce à des compétences innées, peaufinées depuis l'enfance par d'innombrables parties de foot. J'ai beaucoup travaillé avec Paul Quetin, l'entraîneur de la FFT. J'aurais sans doute dû développer le haut de mon corps, je le concède. Quand je suis torse nu, je ne colle pas à l'idée que l'on peut se faire d'un athlète de haut niveau. Mais la muscu, je m'en moquais un peu : je ne m'y suis intéressé que tard, vers dix-huit ans. Mon truc à moi, c'était de jouer, jour et nuit. Voilà mon ADN.

Je n'ai jamais arrêté de taper dans la balle, des heures et des heures, ma vie durant. C'est une activité physique en tant que telle, d'ailleurs. Sans évoquer les innombrables footings que j'ai endurés. Et, dans l'ensemble, je me suis montré très résistant sur les courts. Lorsque je joue contre Daniil Medvedev, par exemple, qui est souvent présenté comme un athlète endurant, ce n'est pas son physique qui me contrarie, ce sont ses boulets de canon au service – qui lui offrent à la fois des points gratuits, et des temps de récupération.

Aurais-je progressé en me livrant, durant mes préparations, à des exercices proches de missions commando ? Je ne sais pas. Je n'ai jamais rencontré personne qui m'ait donné envie de tenter l'expérience, et je ne suis pas sûr que j'aurais tenu. Se mettre minable jour après jour pour tenter de devenir Rambo n'est pas à la portée de tous. Si l'on m'avait dit : « tu vas jouer quatre heures, avant d'aller en salle de musculation, enchaîner cinquante exercices, et finir en mangeant un plat de graines, et ce durant plusieurs semaines », je ne sais comment j'aurais réagi. Il faut toujours en faire davantage… Mais parfois, on ne le peut tout simplement pas. Je vois dans ces méthodes un risque conséquent : celui de se lasser. Combien de soirs suis-je rentré chez moi sans pouvoir poser le pied par terre ? Les 5 % de progression que je n'ai pas entamés ont fini par manquer, et ils sont nichés là, dans les détails.

Il n'empêche que j'ai joué plus de mille matches pendant près de vingt ans, en tenant le choc avec vaillance, et sans aucune saison blanche. Mon physique ne m'a jamais vraiment abandonné. J'y vois le signe que je n'étais pas si mal préparé. J'ai su échapper aux pires blessures, et affronter les plus insidieuses, celles qui font planer le spectre d'une fin de carrière brutale, celles qui coupent l'élan pour de longues semaines. Il y a aussi les pépins, plus ou moins grands, qui font que l'on ne joue pratiquement jamais au summum de sa forme sur le circuit. « Richard voudrait tellement que ça ne s'arrête jamais qu'une simple blessure, même pas trop grave, ça le détruit », avait dit un jour mon père Francis. Il a raison. Jouer au tennis à haut niveau, c'est composer avec la nécessité de continuer à gagner, les tiraillements physiques du quotidien et la menace de la vraie blessure.

J'ai tout de même eu mon lot de contretemps et d'arrêts les plus incongrus, comme ceux causés par la varicelle ou une appendicite à trente et un ans, soignée dans l'urgence dans une clinique d'Indian Wells à quelques heures d'une péritonite. J'aurais dû compter le nombre d'infiltrations que j'ai subies pour tenir le coup sur le terrain… Je dois en être à une trentaine ! À cela s'ajoutent les tonnes d'anti-inflammatoires que l'on avale. J'espère que mon organisme ne me le fera jamais payer. Mais c'est le prix pour tenir le rythme.

En 2005, dès le début de ma carrière, je passe, en fin de saison, plus d'un mois à jouer sans pouvoir servir à pleine puissance, à cause d'un coude récalcitrant. En 2010, je termine un match contre Mikhail Youzhny à l'Open d'Australie avec une déchirure abdominale, en tenant simplement grâce à l'adrénaline. Le lendemain, il a fallu me porter pour me mettre dans l'avion du retour. En 2015, à Indian Wells, me voilà soudainement plié en deux en descendant d'une voiturette de golf, scotché au sol sans pouvoir marcher. J'avais si mal au dos que j'ai cru que jamais je ne pourrais rejouer. L'hernie discale m'empêchera de m'entraîner pendant huit semaines, et je vivrai avec la peur incessante, après la reprise, du retour de cette douleur semblable à un coup de poignard. Pendant longtemps, j'ai eu le réflexe inconscient de passer la main dans mon dos chaque fois que je jouais. Je me demande aujourd'hui si l'un de mes plus grands « exploits », à peine plus d'un mois après Indian Wells, n'a pas été de gagner le tournoi d'Estoril, quelques jours à peine après un stage de reprise à Barcelone où je perdais des séries de points à l'entraînement contre mon coach, Sergi Bruguera…

Le pire est arrivé en 2019, où j'ai subi ce que tous les sportifs professionnels redoutent : l'opération. Cela a commencé à Bercy, en fin de saison 2018, alors que je rentrais d'une demi-finale à Tokyo et que je venais de battre Denis Shapovalov au terme d'un match à guichets fermés lors d'une session de nuit parisienne. Fin de la rencontre, 22 h. Je rentre me coucher avec le sentiment du travail bien fait, rassuré par mon niveau dans la perspective de la finale de la Coupe Davis contre les Croates, qui aurait lieu quelques jours plus tard à Lille. Je me vois même revendiquer une position de titulaire en simple. Je suis inondé par une vraie sensation de plénitude, peut-être pour la dernière fois de ma carrière. Mais au réveil, surprise : impossible de marcher quatre pas consécutifs sans me tenir au mur, paralysé par la douleur. Je me vois encore appuyé, à murmurer : « Qu'est-ce que c'est que ce truc de fou ? Qu'est-ce qui se passe ? »

Je trouve pourtant la force de rejoindre le Palais des Sports, et même celle de jouer contre l'Américain Jack Sock ; le docteur m'a dit que je n'avais rien. Je perds – évidemment – sans réellement me défendre. Sébastien Grosjean, mon coach, débarque dans le vestiaire en colère et, déçu de cette pâle prestation, sans comprendre pourquoi je n'en ai pas montré plus, m'assaille : « Mais regarde, Richard, tu n'as rien sur l'IRM ! » Et moi de répondre : « Mais Seb, t'es con ou quoi ? Je te dis que je ne peux pas marcher ! » Le soir, d'ailleurs, une fois les effets des anti-inflammatoires estompés, je ne pouvais à nouveau plus me tenir debout.

Deux mois passent. Je reçois nombre d'infiltrations, je consulte le professeur Éric Rolland qui travaillait pour le PSG, sans réelle amélioration. Je décide de m'adresser au médecin du FC Barcelone que m'a conseillé mon kinésithérapeute espagnol. Celui-ci finit par poser un diagnostic : « Richard, c'est mort, tu as un trou énorme, une grosse hernie inguinale [de l'aine]. Si tu ne te fais pas opérer, tu ne joueras plus. » Direction Munich, chez une spécialiste de ce type de chirurgie, qui a beaucoup pratiqué sur des joueurs de football. La clinique est à côté de l'aéroport, sans doute pour des questions pratiques. J'arrive au terminal, m'endors avec la vue sur les pistes d'atterrissage ; l'intervention est prévue pour le lendemain. Après trois heures d'opération – 1 h 30 pour chaque jambe –, la chirurgienne ne me rassure pas : « C'était pire que ce que je croyais. » J'en ai pour six mois d'arrêt, entre Bercy et Madrid programmé pour mai 2019. Je garde de cette expérience, en souvenir, une cicatrice de quatorze centimètres.

Je n'ai plus jamais été le même joueur – c'est le triste lot des opérations, surtout à trente-deux ans. Je n'ai pas retrouvé la force dans mes jambes, ni l'intensité dans mon jeu. Et si je suis encore parvenu une fois en demi-finale d'un Masters 1000, à Cincinnati en 2019, je n'ai plus gagné de tournoi depuis. Ma dernière ligne de palmarès reste figée à 's-Hertogenbosch, en juin 2018. Mais ma carrière ne s'est pas arrêtée, loin de là ! En février dernier, lors du tournoi de Marseille, vaillant, j'ai poussé au tie-break du troisième set le Russe Rublev, un membre du Top 10. Mon 144e match contre un membre de cette élite, près de vingt ans après ma première expérience de cette envergure à Monaco et ce fameux match contre Safin. Durant ma carrière, on l'a vu, j'ai tangué, douté, souffert, mais jamais cédé. Ce corps qui est le mien a tenu vaille que vaille face aux sciatiques et aux pubalgies. Ce corps qui est le mien, ma foi, je lui dois une fière chandelle.

L'autre grande tendance, en dehors des piques sur mon état physique, a été de critiquer ma façon de jouer. Trop prudent. Trop calculateur. Trop loin derrière la ligne de fond, également, ce qui a inspiré le fameux : « Il reste caché dans les bâches au lieu d'avancer. » Ça, je l'ai entendu à toutes les sauces, et parfois même chez d'autres coaches que les miens. Une partie du monde du tennis a analysé comme une régression, pour le jeune attaquant que j'avais été durant mon adolescence, de me tourner vers un modèle plus proche de celui du senior qui temporise. Des entraîneurs m'ont scandé : « Frappe sur toutes les balles ! Faut que tu avances ! Faut être offensif, faut y aller ! » Mais ces remarques sont complètement inadaptées, elles relèvent d'une simplification grotesque. Être campé sur sa ligne, les deux pieds dans le court, sont des principes de jeu ridicules – surtout quand le joueur force le trait. Ce n'est pas ma philosophie du tennis. Federer est le seul capable de se livrer à ce genre de méthodes, personne d'autre. Pour moi, au tennis, tout part de derrière la ligne. Il faut d'abord jouer long, puis avancer dans le court au fil du point en le construisant par des effets ou des accélérations. Djokovic lui-même joue comme cela, il ne monte que très peu au filet...

La plupart des meilleurs partent de derrière pour avancer. Dominic Thiem, Daniil Medvedev, Stefanos Tsitsipás, viennent de loin, pour s'approprier ensuite le point. Je me demande si tout le monde a bien compris cela dans le tennis moderne. Il faut cesser d'être aveuglé par le « talent » d'une poignée de joueurs qui éclipse l'excellence et la constance des autres. On parle peu des retours de Djokovic, Medvedev ou Murray ; ces derniers font pourtant partie des meilleurs dans cet exercice. Dès le premier point, et quasiment sur tous les services adverses, ils proposent d'emblée une balle difficile à jouer, qui va déterminer la suite. C'est effectivement moins marquant qu'une amortie sur laquelle tout le monde s'extasie, mais c'est une méthode tellement plus efficace sur le long terme.

Le retour, justement : on a critiqué ma manière de retourner loin de la ligne de fond, alors même que personne n'était choqué de voir ces mêmes Thiem, Nadal ou Medvedev le faire – à tel point qu'Eurosport a dû changer de cadre pour qu'on les voie à l'image... ! Pour eux, pas de problème. Mais pour moi, si... Bien sûr, j'aurais aimé aller plus souvent au filet ; j'ai sûrement sous-utilisé mon potentiel à la volée. Récemment, Andy Murray disait à mon entraîneur Julien Cassaigne qu'il plaçait ma volée en très bonne position dans le classement mondial. Oui, j'aurais sans doute dû saisir plus souvent l'occasion d'attaquer les balles courtes, trouver ce délicat équilibre entre l'offensif et le défensif ; savoir réagir sur la bonne balle pour prendre ma chance sans risques inconsidérés. Tout cela relève d'une subtile alchimie. Je n'ai peut-être pas su régler les rouages les plus fins de la machine. Là encore, il est question des fameux petits pourcentages manquants... Avec le recul, je réalise que je me suis construit un jeu solide, et, partant de bases très fortes : je ne perdais en général pas en dessous de mon classement. Il m'a été difficile de bouleverser ces acquis, garantissant un niveau d'expertise plutôt satisfaisant, pour accéder à un niveau plus élevé encore.

J'en arrive maintenant au moment où il faut que je vous révèle ce qui m'a vraiment manqué... Vous voulez le savoir ? Mon vrai problème, c'est le service. Je n'ai jamais particulièrement bien servi. C'est le grand regret de ma carrière : un service qui m'aurait emmené vers l'avant, en provoquant des retours courts. Cela m'aurait aussi permis, sur les jeux de retour, de prendre plus de risques grâce à l'assurance d'un gain facile lors de mes mises en jeu. Avec un service à la Tsonga, j'en aurais gagné, des titres en Grand Chelem... La question qui se pose alors, c'est : pourquoi, au vu du constat que j'en fais et de l'importance décisive de ce coup, ne l'ai-je pas travaillé suffisamment ? C'est une bonne question. Je ne dois pas me cacher derrière une affaire de gabarit : certes, avec mon 1,83 m, je n'ai pas la taille de ceux que l'on appelle les « grands serveurs », aidés par leur envergure. Si j'étais très fort sur les jambes – un atout pour la poussée au moment de servir –, le haut de mon corps, je l'ai déjà dit, n'était pas assez explosif. Reste que beaucoup de joueurs au physique similaire au mien ont réussi à servir de manière plus agressive.

Non, ce qui m'a manqué, c'est la *volonté* de le faire, de progresser sur ce coup-là. Je l'avoue. Présenté comme cela, cela ressemble à s'y méprendre à un acte manqué. Peut-être que ma fissure au coude, dès 2005, et le risque d'opération à la clé, m'ont fait peur au point de ne pas pousser à fond mon bras lors du service. Mais la vraie raison – ancrée dans ma nature même de tennisman – reste que cela m'a toujours royalement ennuyé, d'aligner des gammes de service à l'entraînement. Cela ne m'amusait pas. C'est tellement rébarbatif ! Je me suis toujours régalé à faire des points, à travailler l'adversaire, comme dans un jeu d'échecs. Le service n'est qu'un geste, un coup, qui devient parfois un point direct. Un bon service, c'est l'antithèse d'un long échange ; le travailler davantage, ç'aurait été, sans doute, me priver des occasions de lancer des rallyes. J'aime tant le tennis que je me suis peut-être, en me limitant dans ce domaine, inconsciemment freiné dans mon ascension.

Moi, pas de mental ?

On parle beaucoup de santé mentale, en ce moment, dans le monde du tennis. La championne japonaise Naomi Osaka a exposé en mondovision la nature de l'anxiété qui peut guetter la joueuse ou le joueur, une fois plongé dans les méandres d'un univers hyper-compétitif. Beaucoup se sont engouffrés dans la brèche pour exposer leur mal-être et la trop grande dureté de ce qu'ils vivent, et pour réclamer plus d'indulgence à leur égard ainsi qu'une politique de suivi adaptée.

Puisque que tout le monde est soumis à ces problématiques, inhérentes à la nature humaine, il n'y a pas de raison que le tennis y échappe. Le fait de monter très haut sur l'échelle du classement ATP et WTA ne protège pas les champions contre les chutes de moral. Le joueur doit assumer seul son statut. La pression qu'il se met, additionnée à celle qu'ajoutent son entourage, les sponsors et le public finissent par créer une peur phobique de la défaite – dans un sport où même Novak Djokovic n'affiche qu'un petit 54 % de victoires sur l'ensemble de sa carrière. Étant donné le niveau de compétitivité sur ces circuits, l'équation actuelle est néfaste pour les états mentaux des joueurs et joueuses.

Beaucoup de joueurs traversent des moments difficiles, tant il est ardu de se faire une place au sommet ; j'en ai vu énormément pendant ma carrière. À quoi le remarque-t-on ? C'est simple, il suffit généralement de regarder la tendance des résultats des uns ou des autres : quand s'amorce une série de défaites consécutives, un cercle infernal s'instaure, et mine la confiance du sportif, qui joue de moins en moins – et perd de plus en plus, donc – avant d'en devenir malade, sans pouvoir se confier à quiconque. Car dans un sport individuel, il est de bon ton de ne montrer ni sa peur ni ses faiblesses.

Il faut être masochiste pour jouer au tennis ; il faut vouloir se remettre en question en permanence. Car, pour peu que l'on se regarde en face, on sait pertinemment par où l'on a failli ; il faut soigner sa technique, se demander sans cesse face au *Big 3* : « Mais que font-ils de mieux ? », tout en essayant d'apprendre de soi-même au fil des jours. C'est un puits sans fond, une quête permanente.

Novak Djokovic résume cela très bien, je trouve, quand il se qualifie d'« étudiant en sport ». Nous sommes de perpétuels insatisfaits qui devons composer avec cette passion viscérale.

Le contraste est frappant entre l'exposition brutale à la lumière – réservée à quiconque pose un pied sur un court – et la vie de l'ombre menée par ces mêmes joueurs : le quasi-huis clos des chambres d'hôtel, des gymnases, la solitude dans les restaurants, et parfois dans les hôpitaux... Ce n'est pas une vie normale que d'être toujours à l'étranger. Mentalement, c'est dur. Les gens observent à la télé, ou analysent dans les journaux, sans bien toujours comprendre ce qu'est le tennis et ce que l'on vit entre chaque immersion en pleine lumière. Face à ces milliers d'yeux qui nous scrutent, nous nous sentons parfois seuls.

Et moi, dans tout cela ? Comme tout le monde, avec ma spécificité, comme tout le monde aussi, « ma croix et ma bannière » à moi, propres à mon parcours. Celui d'un petit gars du Sud, totalement introverti, arrivé tout jeune à Paris sous le feu des projecteurs, labellisé « petite merveille » destinée à tout gagner. J'ai relu, récemment, le reportage de *Tennis Magazine* de 1996 et sa fameuse une. Pour accompagner le dossier qui m'était consacré, un encadré avait été écrit – peut-être pour la bonne conscience du journal. On y faisait intervenir un psychiatre, un ancien joueur pro. Il livrait ses réflexions sur les risques de la médiatisation dès l'enfance, sans vraiment prendre parti : « Il n'y a pas de critère objectif qui permette de dire que les médias peuvent détruire un jeune hyper-doué, disait-il. C'est du cas par cas. Il s'agit même d'une sorte de test majeur car, tôt ou tard, le jeune espoir sera confronté à la pression médiatique. Le fil rouge à suivre, c'est de préserver l'envie de jouer chez les enfants. Pour ne pas en arriver au point où, sans que personne ne s'en rende compte, ils vont pratiquer dans la contrainte. Il ne faut donc pas hésiter parfois à freiner l'enfant dans son désir d'entraînement et de compétition, désir qui est toujours élevé à un très jeune âge. »

Je ne me reconnais pas vraiment dans cette description. Jamais je n'ai été forcé, jamais je n'ai ressenti de contrainte, jamais je n'ai cessé d'avoir envie de jouer. J'ai simplement grandi dans un monde où, très vite, je ne me suis plus « appartenu ». Entre le carcan de la Fédération, l'ombre tutélaire de Roland-Garros, la lancinante accumulation des années depuis le dernier titre en Grand Chelem gagné par un Français, Noah, en 1983, j'ai eu l'impression de ne jamais avoir l'esprit tranquille. Plus que les félicitations, ce sont les coups qui ont plu, à intervalles rapprochés, à la moindre défaite ; ils m'ont diminué. Le public, les médias analysaient plus volontiers mes défaites que mes succès. Les sponsors s'en sont évidemment mêlés.

Après un triste Roland-Garros en 2007, Lacoste m'avait convoqué pour me conseiller ardemment de « virer Deblicker », mon coach. Tout a été exacerbé. La loupe qui a été braquée sur moi de manière répétée a approfondi certains de mes malaises. J'ai vécu ma carrière avec cette petite musique en arrière-fond, dont les sonorités n'étaient finalement pas si réjouissantes ; voilà comment je décrirais la médiatisation. On peut toujours dire : « Il ne faut pas y prêter d'attention », et son corollaire, le fameux « moi, ça ne me touche pas » ; mais c'est impossible à tenir – ce qui est écrit à votre propos exerce forcément un pouvoir d'attraction sur vous. Ce qui a été violent pour moi, dans cette histoire de médiatisation précoce, c'est que j'ai fini par me convaincre que si je ne finissais pas numéro un mondial, ma carrière serait gâchée. J'ai longtemps ressenti cela, comme si, puisque les autres me voyaient ainsi, j'étais naturellement programmé pour finir sur la cime du tennis mondial. Je savais pourtant pertinemment qu'il y avait beaucoup de paramètres dont il fallait tenir compte pour parvenir à ce but ultime ; j'ai connu bien assez tôt les pièges que le monde du tennis tendait aux jeunes espoirs et les chimères qu'il lui vendait, mais il a longtemps fallu cohabiter avec ce sentiment impérieux.

J'ai dû apprendre à me protéger, à faire attention avec ce yoyo permanent des médias, qui un jour placent sur un piédestal, et le suivant descendent en flammes. C'est pour cela que j'ai longtemps envié Jo. Il a vécu tant de saisons où il était Dieu le Père ! Nous en parlions beaucoup avec Gaël, qui, comme moi, se sentait plus exposé aux critiques et aux exagérations en tous genres. Nous en prenions pour notre grade, tandis que Jo était adulé, comme protégé par je ne sais quel totem d'immunité. Nous étions contents pour lui – mais quand même surpris de cette différence de traitement. Ce n'est qu'en 2014 qu'il a commencé à se faire « descendre » après la finale de Coupe Davis face aux Suisses. La fameuse petite musique était devenue lancinante pour lui aussi. Quelques semaines plus tard, je lui ai dit : « Bienvenue au club ! À ton tour, tu vas voir ! » Cela ne l'a pas fait rire...

Mais je n'oublie évidemment pas que c'est la règle du jeu. Qu'en échange des nombreux avantages que procure notre situation, il faut donner un peu de soi, faire parler, accepter d'être le jouet de ces différentes attentes. Si personne ne s'intéressait à nous, si aucun de nos faits et gestes n'était relaté dans les médias, l'anonymat qui s'ensuivrait ne nous permettrait évidemment pas de vivre de notre passion. Au fond, tout cela ressemble à du théâtre, à des jeux de rôle, ou à un cirque dans lequel il faudrait parler, commenter, disséquer, déformer, exagérer. Et pour nous, il faudrait s'en moquer à tout prix ? Pour ma part, je ne suis pas vraiment en recherche de *buzz* ou d'éclats médiatiques. Être connu ne m'apporte aucune sensation, et me plutôt fait peur. Ce que j'aime, c'est simplement de jouer et de voir que le public aime ça.

Je suis transparent sur les réseaux sociaux, je ne me force pas pour exister dans les magazines, et on ne peut pas dire que je me sois étalé dans les publicités. On ne m'a vu qu'une fois à la télévision. Et encore, dans quelles circonstances... En pleine affaire liée à mon contrôle positif à la cocaïne en 2009, alors que l'on débattait sur les tests capillaires réalisés à partir d'un cheveu pour juger de la consommation de drogue, j'étais l'égérie d'un shampoing Head & Shoulders antipelliculaire, dans des spots particulièrement inappropriés étant donné le contexte. Disons que la juxtaposition était malencontreuse... Je m'étais demandé si les réalisateurs de cette pub, tournée bien plus tôt, allaient laisser se dérouler la campagne dans ce timing improbable... Ils l'ont fait ! Le tournage ne m'avait pas laissé un souvenir impérissable. Je me trouvais ridicule dans ces postures d'acteur : dès que je me voyais, je quittais la salle ! Je ne suis pas fait pour la médiatisation, vraiment.

Je me perçois comme une espèce d'anti-héros, sans ego, plongé paradoxalement dans un des univers qui en demandent le plus. J'y suis allé pour l'amour du jeu, amour indéfectible, propulsé par des talents indéniables. Ma culture de la gagne n'est pas celle d'un tueur, définie par la haine de l'autre ou la volonté de s'afficher au sommet quoiqu'il en coûte. Gagner, pour moi, c'est relever un défi par rapport à moi-même et trouver une solution aux problèmes posés lors d'un match. Tout bêtement. Et je pense que c'est ce qui m'a sauvé, ou en tout cas m'a permis d'absorber toutes ces puissances négatives qui m'entouraient. C'est ce moteur, tout simple, qui m'a aidé à me remettre en question avec mes doutes et mes peurs, dans un monde qui tanguait autour de moi. J'y suis arrivé sans vraiment craquer, à l'exception de quelques passages difficiles au début de ma carrière, en 2003 et 2004.

J'ai eu cette capacité d'auto-défense qui m'a permis de me sortir des périodes noires. N'en déplaise à tous ceux qui n'ont pas arrêté de répéter que je n'avais pas de mental, j'estime avoir eu au contraire la force de caractère nécessaire pour résister à ces pressions. Pour un introverti, je ne m'en suis pas si mal sorti ; pour un jeune homme condamné au succès, j'ai répondu présent au fil des années, envers et contre tout. Au-delà de mon cas, je trouve absurde la rengaine : « les Français n'ont pas de mental ». Cette phrase, combien de fois a-t-elle été prononcée par ceux qui voulaient corroborer leur propre version de la réussite, ou de l'échec ? Elle ne veut absolument rien dire ! Je peux l'affirmer ici : je n'ai que très rarement perdu un match à cause du mental. À l'inverse, des rencontres équilibrées – celles où il faut garder son calme, maîtriser ses émotions, faire preuve d'une solidité mentale –, j'en ai remporté de nombreuses. Si je perdais, c'est que je jouais moins bien que l'adversaire, que cela devenait dur physiquement ou que je n'arrivais pas à résoudre tel ou tel problème technique face à l'adversité. Je me souviens qu'en 2013, mon coach Sébastien Grosjean s'était agacé après une défaite sévère contre Novak Djokovic en quart de finale à Toronto (6-1, 6-2). Selon lui, je n'avais pas vraiment joué, j'avais trop vite baissé les bras en me trouvant des excuses, alors que c'est dans ce genre de circonstances – face aux meilleurs – qu'il aurait fallu avoir une attitude soi-disant irréprochable. Sauf qu'en l'occurrence, Djokovic était injouable ; et cette défaite ne m'avait pas m'empêché, quelques jours plus tard, de parvenir en demi-finale à l'US Open.

Évidemment, sur les plus de mille matches que j'ai joués, il y en a eu quelques-uns où j'ai lâché, fissuré, pété les plombs, craqué, explosé – et balancé des points, voire des jeux. Mais ils ne sont guère plus d'une dizaine. Des fins de tournées bâclées, des matches au bout du monde qui n'ont plus aucun sens, des séquences où les fils se touchent et provoquent des passages à vide, cela a existé, oui. Il y a eu cette défaite face à Kristof Vliegen au 2e tour de Roland-Garros en 2007, entre le Français qui monte et un outsider belge, 74e mondial, sur laquelle beaucoup avaient fantasmé en s'échauffant à propos de ce « Gasquet qui s'est vu trop grand », et en avaient profité pour ergoter sur ma faiblesse dans les gros événements tels que Roland – alors que j'avais commis une faute de jeunesse, celle d'un petit con de vingt ans. Deux semaines plus tard, je filais en demi-finale de Wimbledon…

Je me souviens également d'un match contre Fernando Verdasco à Indian Wells en 2014, où le deuxième set avait duré quinze minutes après ma perte de la première manche au terme d'un tie-break serré. Avec mon père dans le box, j'avais aussi complètement craqué contre Philipp Kohlschreiber à Kitzbühel en 2019, sans pouvoir expliquer pourquoi. Mais, sur l'ensemble de la carrière, je n'ai jamais connu de vide dépressif, de peur panique ou de refus d'obstacle. Ma force mentale m'a renvoyé au combat avec la même volonté, que ce fût après une défaite ou un coup dur. Même Sergi Bruguera pourrait confirmer ce que je vous livre, c'est dire. Lui, le dur au mal qui ne laisse rien passer, m'a toujours trouvé fort dans ce domaine. Il me le disait, et l'avait un jour raconté dans un journal. « Vous savez ce que j'aime surtout chez Richard ? Sa force mentale. Je sais qu'il a souffert de la pression de tout un pays quand il était très jeune. On a eu un exemple en Espagne, avec Boluda (un espoir ibérique qui avait remporté notamment les Petits As). On a dit que c'était le nouveau Nadal, il a eu des contrats de millionnaire. Il a été massacré, le gamin. C'est très difficile à supporter, ça. Gasquet a eu bien plus de pression et il a réussi à la dépasser. C'est monstrueux. C'est une force intérieure. » Je ne vous le cache pas, ces propos m'ont rendu fier. J'ai su faire à ma façon, avec mon ressenti et mes propres armes.

Pour moi, le premier travail mental, c'était celui sur le court : s'entraîner pour repartir au combat et dépasser ses déceptions. De la même façon que Nadal se relève de ses défaites en passant des heures sur le terrain. Je ne crois pas à la préparation mentale. Je ne dis pas que cela ne peut pas marcher pour certains, comme Daniil Medvedev par exemple ; Yannick Noah en parle beaucoup, et je l'écoute volontiers... Mais Nadal ne fait appel à aucun préparateur spécifique et je n'arrive pas à me convaincre du bien-fondé d'une aide de cette nature.

Pourtant, au début de ma carrière, Alain Gonzalez, directeur à Béziers d'un centre médico-social spécialisé dans l'aide aux enfants et aux adolescents en difficulté, et ami de la famille, avait voulu m'aider, notamment sur la gestion de la précocité. On avait discuté du fait que je n'avais jamais eu le temps de souffler, de la petite voix qui exigeait des résultats immédiats et de la nécessité de m'accorder le temps d'avancer à mon propre rythme – entre dix-huit et vingt-deux ans – pour harmoniser mes évolutions physiologique et psychologique. Cela n'a pas cheminé en moi, et je le regrette. J'étais peut-être trop jeune. J'aurais dû certainement m'investir davantage, et ne pas croire en ce dogme de l'époque qui voulait que travailler son mental était une manière d'avouer une de ses faiblesses. Pour moi, c'était Deblicker, mon entraîneur, qui était le personnage le plus important de mon entourage, mon premier psychologue. Le coach est là tous les jours avec le joueur. L'introspection, je la réserve à mes entraîneurs. Pour dire la vérité, cela m'a toujours embêté d'aller parler à quelqu'un. Une certaine forme de pudeur ? La peur de me livrer ? Je n'en ressentais pas le besoin, voilà tout. Le tennis est un sport très atypique ; parler de mon ressenti, de la pression, du public, des attentes des fans qui ne pratiquent pas ce sport à haut niveau me semblait inutile.

Aujourd'hui, je me rends compte que c'était une erreur. La visualisation, le yoga, ou les techniques de respiration m'auraient sans doute été bénéfiques. Avec le recul, je conseillerais au

Richard Gasquet de vingt ans d'aller se confier à quelqu'un. On ne revient pas sur ses pas, on ne remonte pas le temps. Mais un tel livre m'aura permis, en brossant toutes ces années comme un revers long de ligne, de refaire le match.

Aider le tennis français

Notre tennis a vécu l'une de ses pires années en 2021. Le premier Français, Gaël Monfils, a terminé 47e mondial à la *Race*, ce classement qui ne prend en compte que les résultats de l'année, et qui fixe au plus juste la – triste – réalité du moment. Nous n'avons gagné qu'un titre sur le circuit, au tournoi de Halle, grâce à Ugo Humbert, et ne sommes pas parvenus à atteindre la deuxième semaine d'un tournoi du Grand Chelem. Pour un pays comme la France, c'est tout simplement catastrophique. Presque indigne. Avec l'âge, notre génération marque le pas. Le tennis s'est sûrement trop reposé sur nous, les Mousquetaires, en oubliant la relève. Je ne peux que constater qu'il y a eu un problème de détection pendant une dizaine d'années. Lucas Pouille aurait pu prendre le relais. C'est un excellent joueur qui a su atteindre le Top 10. Mais, à cause d'une blessure qui illustre la dureté du rythme imposé par le circuit, il n'a pas pu tenir. Même si elle tarde à se montrer, cette relève existe. J'ai vu jouer de bons jeunes. Je refuse de les citer nommément : inutile d'appliquer une pression démesurée sur leurs épaules, cela compliquerait encore leur tâche. Laissons-les tranquilles. Ce qu'il faut, c'est de la bienveillance, les aider à être positifs, à croire en eux-mêmes pour qu'ils puissent éclore dans de bonnes conditions.

Si je sais la chance que nous avons eue de bénéficier d'une Fédération comme la nôtre, qui aide les espoirs dès leur plus jeune âge par le biais des centres de ligue, je me sens tout de même obligé d'écrire ces quelques conseils parce que le système à la française m'a parfois usé.

J'ai joué un rôle important durant ces belles années et je pense avoir participé à développer une émulation saine entre les joueurs de ma génération. Lorsque Jo m'observait, au lancement de notre carrière, je sentais bien qu'il avait envie de me rattraper. Quand il m'a dominé pour la première fois à Lyon, en 2007, il avait déclaré : « Putain, c'est la première fois que je te bats ! », et j'avais senti chez lui un immense soulagement. J'ai creusé un sillon pour les autres joueurs, tout en contournant des obstacles finalement futiles.

Bien sûr, la Fédération m'a très bien accueilli à Paris et m'a permis de voyager sur les tournois.

Cette prise en charge a été déterminante dans mon parcours et je les en remercie. Mais la Fédération reste un système bureaucratique alourdi par une forme de jalousie des anciens à l'égard des espoirs. Les jeunes joueurs perdent un temps infini sur des détails ou des polémiques idéologiques inutiles, alors que le tennis, finalement, est une science simple : il faut progresser sur l'autoroute de la performance en évitant d'être ralenti par des états d'âme ou des blessures.

Si Nadal avait été français, aurait-il été le Nadal que l'on connaît ? Si on l'avait mis à ma place, avec toutes les pressions inhérentes à l'importance qu'a Roland-Garros dans notre écosystème, que serait-il advenu ? Je me pose la question. Sergi Bruguera aussi, m'avait dit un jour : « Si j'avais été français, je ne sais pas si j'aurais gagné Roland-Garros... »

Ceci dit, le modèle n'est pas mauvais, loin de là. Nous bénéficions de très bons entraîneurs. Seulement, le tennis français vit avec tant de moyens qu'il devrait sans doute faire mieux. Il forme beaucoup de très bons joueurs. Dans le Top 100, il y en aura toujours un certain nombre. Idem dans le Top 50. Sur cela, je ne suis pas inquiet. Mais quid du champion qui gagnera des titres en Grand Chelem après Noah, Pierce, Mauresmo et Bartoli ? Est-ce que nos structures verront naître un n° 1 mondial chez les hommes ? Vaste débat.

Quoi qu'il en soit, les filles ont réussi là où les garçons ont échoué. Pour moi, ce n'est pas le système fédéral qui le créera. Les structures ne sont là que pour servir d'accélérateur dans un sport planétaire.

Être un champion relève de l'irrationnel. Les petits suppléments d'âme, si complexes à mettre en place – mais qui font toute la différence – s'imbriquent dans un cocktail difficile à doser. La volonté individuelle poussée à son extrême, la force d'un projet puissant porté par un entourage solide, des dons particuliers, le « talent » si vous préférez, doivent se rassembler pour tracer un chemin vers le sommet. Rafael Nadal, par exemple, a disposé de son oncle et c'est tout. Il n'a pas eu besoin d'aide extérieure, ni de millions d'euros pour y arriver. Alexander Zverev, ou encore Stefanos Tsitsipás, eux aussi, ont principalement compté sur leur cellule familiale. Les Russes comme Daniil Medvedev, Andrey Rublev ou Karen Khachanov se sont tous construits à l'écart de leur système national ; leur parcours individuel les a amenés en France ou en Espagne.

En fait, il n'y a pas de temps à perdre. Une carrière commence très tôt. Même si cela peut être dur à entendre, il faut en prendre conscience : à onze ans, nous sommes presque des professionnels. Quand j'entends dire que les joueurs peuvent commencer leur carrière plus tard, je m'interroge.

Il ne faut sans doute pas oublier les jeunes qui sont dans le deuxième wagon – celui qui accueille les moins prématurés – mais pensons d'abord à accélérer les trajectoires de ceux du premier wagon. Le meilleur joueur, celui qui donne toutes les garanties, celui dont le projet est bien ficelé, doit pouvoir rencontrer le meilleur coach le plus rapidement possible. Sans jongler d'un entraîneur à l'autre au gré des passages dans un Pôle, une Ligue ou au Centre National. Il serait sans doute plus intéressant de conserver les binômes qui sont fonctionnels dès les premières années plutôt que de dissoudre son équipe à chaque fois qu'un jeune quitte son centre. « Ah, tu as 13 ans, c'est l'heure de passer à un autre entraîneur… » Quelle idée !

La première chose à savoir, c'est que le tennis, c'est dur. Si tu veux arriver très haut, tu dois souffrir. Le jeune champion doit se prendre en main seul et penser tennis du matin au soir, et même la nuit. Andre Agassi le disait aussi : « Tu dois manger, boire et dormir tennis ! » Il n'y a pas d'autre manière d'y arriver.

Peut-être faudrait-il également que l'on se remette en question dans les domaines de la préparation physique, mentale et diététique. Le monde évolue vite, et je ne suis pas certain d'avoir vu, au cours de toutes ces années, de changements notoires en France sur ces aspects-là. Concernant la technique, laissons-la aux joueurs, sans s'embarrasser de trop de détails. Prenez Daniil Medvedev : il n'est peut-être pas très académique, ni très plaisant à regarder jouer, mais sa technique est incroyable. Il est toujours à l'heure sur la balle et ne fait jamais de faute. La technique n'est qu'un vaste terme pour désigner l'endroit et le tempo auxquels le joueur frappe la balle. Chacun la sienne ; chacun sa propre biomécanique.

Pour finir, attardons-nous sur le commencement, et tentons de répondre à la grande question : « Pourquoi ne gagne-t-on pas Roland-Garros ? ». Les causes de ce phénomène ne sont pas compliquées à comprendre. La France dispose d'un tournoi du Grand Chelem sur terre battue et... fait démarrer la plupart de ses jeunes sur dur, en *indoor* le plus souvent. Tous les centres nationaux, que ce soit à Boulouris, à l'Institut National du Sport, de l'Expertise et de la Performance (INSEP), à Poitiers, ou à Reims, ne proposent, ou n'ont proposé, presque exclusivement, que des courts « en dur ». Le tennis est un sport qui s'apprend tout jeune. Pourquoi nombre d'Espagnols ont-ils glané tant de titres à la porte d'Auteuil ? Parce qu'ils commencent à jouer sur terre battue à quatre ans, et apprennent le tennis en tapant des balles avec du lift et du vent. Logiquement, ils deviennent de formidables compétiteurs sur terre. C'est culturel. Il faudrait, évidemment, une base terrienne dans le Sud. La question est débattue depuis plus de vingt ans. Peut-être que cela finira par se faire...

Je ne pense pas que je serai un jour président de la FFT, je ne pourrai donc pas prendre cette décision directement. En revanche, je serai là, aux côtés de celui qui occupera ces fonctions, pour aider le tennis français à ma façon. Vous l'avez compris au fil de ces pages, j'aime le jeu, la technique. Le terrain m'intéresse, et m'intéressera toujours ; les émotions qu'il véhicule sont trop intenses et je refuse de m'en passer. L'ambiance d'un vestiaire, et le cœur qui bat lorsque l'on entre sur un court ne s'oublient pas si facilement. Ces émotions, il est aussi possible de les vivre avec un joueur que l'on entraîne. Je sais que, tôt ou tard, je prendrai un joueur sous mon aile. Être le Bruguera de quelqu'un, se saisir à la racine d'un espoir qui mérite d'être rapidement accompagné et s'évertuer à le faire progresser. Quand j'y pense, suivre un jeune qui gagne son premier tournoi, qui entre dans le Top 100, ce doit être fabuleux à vivre. Je ne le ferai peut-être pas quarante semaines par an, mais je vois déjà le profil de ceux que j'ai envie d'aider. Des joueurs qui donnent tout d'eux-mêmes, impliqués à 100 % dans leur tennis. Je tiens à prévenir les éventuels intéressés !

Si, une fois retraité, diverses opportunités, en tant que consultant sportif à la télévision ou directeur de tournoi, vont sans doute se présenter à moi, je sais ce qui occupera mes week-ends : les matches par équipes pour plus de 45 ans. Pour le simple plaisir de participer, en équipe, au sein d'un club. Le club et les licenciés, en France, c'est fabuleux. C'est sans doute ce que notre système a construit de plus beau. Les « Richard ! Richard ! Richard ! », si puissants, si énergisants, qui tombaient de tout en haut des tribunes surélevées du stade Pierre-Mauroy à Villeneuve-d'Ascq pendant le double de la finale de Coupe Davis contre les Belges en 2017 venaient, j'en suis sûr, de ce public de licenciés, ces passionnés de tennis que j'adore tant ils me ressemblent. Ce moment avait été si fort que j'avais ressenti des frissons avant de servir, et qu'il m'avait fallu une bonne trentaine de secondes pour me remettre d'aplomb.

J'éprouve toujours du plaisir à revenir dans un club, à humer son ambiance, à observer les gens qui jouent, la personne qui tient le bar. C'est ma madeleine de Proust. Un jour, pendant le tournoi de Lyon, la pluie nous avait poussés à nous réfugier au Tennis Club de Bron ; je me souviens que l'accueil y avait été touchant. J'aimerais aussi toujours assister aux matches par équipes, quel que soit leur niveau.

Ce genre de compétition est inscrit dans mon ADN. Cela vient sans doute de la culture rugby de ma région et de cette ambiance de club que j'ai tant chérie à Sérignan. J'ai très tôt aimé tout donner à la collectivité. À Sérignan, j'ai vite ressenti un décalage entre la maturité du coéquipier que j'étais sur le court et ma légèreté de gamin au quotidien. À partir de mes 13 ans, je n'ai jamais perdu en Interclubs, en division senior. À chaque épreuve, j'étais gonflé à bloc. Cela m'arrivait même de me disputer avec des adversaires. Un jour, alors que nous avions perdu une rencontre à Montpellier, j'étais tellement énervé que j'avais refusé de monter dans la voiture qui ramenait les joueurs chez eux. Parmi mes meilleurs souvenirs de tennis en club, il y a ce fameux match au cours duquel le TC Sérignan a obtenu la montée en Nationale 4. Nous étions menés 3-2 et devions encore jouer les doubles décisifs. Bien qu'étant le numéro 1 de l'équipe – classé -2/6 –, je restais le benjamin du groupe. C'est moi qui avais décidé des compositions pour le double. Le capitaine voulait associer le n° 1 et le n° 2 d'une part, et le n° 3 et le n° 4 d'autre part. J'avais refusé : « On met le n° 1 et le n° 4 ensemble, et le n° 2 et le n° 3 forment l'autre paire, pour faire des équipes plus homogènes ! » À mes côtés, il y avait mon ami Rémi Teix, classé 5/6, et, en face un 2/6 et un 0 qui étaient donc, sur le papier, meilleurs que nous. Mais j'ai tout donné, et nous avons gagné. Je ne plaisante pas avec les matches par équipes. J'aime trop cela. C'est là que vibre le cœur de la France du tennis. Ma France.

Remerciements

Je voudrais remercier mes parents, Maryse et Francis ; mes amis, Manu, Jérémy et Julien, mais aussi tous les licenciés et amoureux du tennis qui me suivent et me soutiennent depuis le début de ma longue carrière.

Ce fut un honneur et un plaisir de jouer devant vous tous.

R. G.

Cet ouvrage a été composé
par PCA
et achevé d'imprimer sur Roto-Page en juin 2022
par l'Imprimerie Floch à Mayenne
pour le compte des Éditions Stock
21, rue du Montparnasse, 75006 Paris

PAPIER À BASE DE FIBRES CERTIFIÉES

Stock s'engage pour l'environnement en réduisant l'empreinte carbone de ses livres. Celle de cet exemplaire est de :
650 g éq. CO_2
Rendez-vous sur www.editions-stock-durable.fr

Imprimé en France

Dépôt légal : mai 2022
N° d'édition : 03 – N° d'impression : 100679
76-07-5552/6

CRÉDITS ICONOGRAPHIQUES

Cahier photos

Avec l'aimable autorisation de *Tennis Magazine* © Corinne Dubreuil, 1996 : page 4.

© Corinne Dubreuil : page 5, en haut ; page 6, en haut ; page 6, en bas ; page 8, en haut.

© Bertrand Rindoff Petroff / French Select / Getty Images : page 7, en haut.

© Frédéric Dugit / *Le Parisien*, 2002 : page 8, au centre.

Toutes les autres photographies font partie de la collection privée de l'auteur.

Sans doute le premier document attestant le savoir-faire de Richard. Il a cinq ans (Sérignan, 1991).

Encadré par Maryse et Francis, qui en pincent pour le tennis depuis toujours.

Il n'y a pas d'âge pour recevoir une coupe même si, pour l'heure, il ne s'agit encore que d'un jeu.

Tiens, un coup droit ! À l'occasion du Critérium Fédéral. Richard a 12 ans.

Le temps des première médailles (au centre), et bien sûr Francis qui veille sur son protégé et ses copains d'alors.

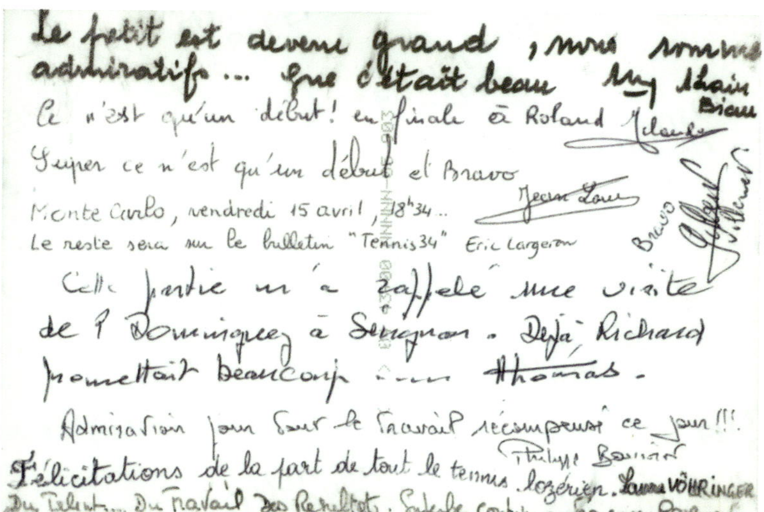

Le petit est devenu grand, nous sommes admiratifs… Que c'était beau
Ce n'est qu'un début ! en finale à Roland
Super ce n'est qu'un début et Bravo
Monte Carlo, vendredi 15 avril, 18h34…
Le reste sera sur le bulletin "Tennis34" Eric Largeron
Bravo
Cette partie m'a rappelé une visite de P. Dominguez à Sérignan. Déjà Richard promettait beaucoup …… Thomas.
Admiration pour tout le travail récompensé ce jour !!!
Philippe
Félicitations de la part de tout le tennis lozérien. VÖHRINGER
Du Talent…, Du travail Des Résultats. Superbe continue

Au dos de la photo (ci-dessus), d'autres admirateurs se remémorent cette époque d'insouciance au lendemain de sa victoire contre Federer en 2005.

La fameuse « une » de *Tennis Magazine* de février 1996. Richard, comme indiqué, a 9 ans et déjà un revers remarquable.

Victorieux du Tournoi des Petits As à Tarbes en 1999 avec, au passage, l'élimination d'un certain Rafael Nadal.

Une équipe qui compte, victorieuse de la Coupe Borotra au Touquet en 2000 : Marc Auradou, Richard Gasquet, Jo-Wilfried Tsonga et Hervé Gauvain (capitaine).

Pas la même taille, un an de différence, mais le même bonheur : Richard et Jo-Wilfried, finalistes du Championnat d'Europe de double à San Remo en 1999.

Le même jour, la même médaille avant d'autres, beaucoup d'autres.

On est champions du monde ! Junior certes, mais champions du monde tout de même. Ça s'arrose.

18 ans, 101e mondial, Richard frappe un grand coup en éliminant Roger Federer (6-7, 6-2, 7-6) en quart de finale du tournoi de Monte-Carlo en 2005.

L'admiration n'attend pas le nombre des années. Richard encadré par deux références du tennis français d'alors, Guy Forget et Yannick Noah.

Footeux dans l'âme, supporter du PSG, Richard est heureux d'échanger quelques têtes avec Ronaldinho.

Rencontre inespérée avec Andre Agassi, vainqueur de soixante tournois dont huit levées du Grand Chelem.